# Liečte sa jedlom

Kniha s protizápalovými receptami pre lepšie zdravie

Tadeáš Mišík

# *Obsah*

Korenená brokolica, karfiol a tofu s červenou cibuľou .......... 16
Ingrediencie: .......... 16
Inštrukcie: .......... 17
Porcie fazule a lososa: 4 .......... 18
Ingrediencie: .......... 18
Inštrukcie: .......... 19
Porcie mrkvovej polievky: 4 .......... 20
Ingrediencie: .......... 20
Inštrukcie: .......... 21
Porcie zdravého cestovinového šalátu: 6 .......... 22
Ingrediencie: .......... 22
Inštrukcie: .......... 22
Porcie cícerového kari: 4 až 6 .......... 24
Ingrediencie: .......... 24
Inštrukcie: .......... 25
Suroviny na mleté mäso Stroganoff: .......... 26
Inštrukcie: .......... 26
Porcie pikantných krátkych rebier: 4 .......... 28
Ingrediencie: .......... 28
Inštrukcie: .......... 29
Porcie kuracej a bezlepkovej rezancovej polievky: 4 .......... 30
Ingrediencie: .......... 30
Porcie šošovicového kari: 4 .......... 32
Ingrediencie: .......... 32

Inštrukcie: ................................................................................... 33

Kuracie mäso a hrášok Porcie praženice: 4 ........................... 34

Ingrediencie: ................................................................................ 34

Inštrukcie: ................................................................................... 35

Šťavnatá brokolica so sardelovými mandľami Porcie: 6 ........... 36

Ingrediencie: ................................................................................ 36

Inštrukcie: ................................................................................... 36

Porcie shiitake a špenátových placiek: 8 .................................... 38

Ingrediencie: ................................................................................ 38

Inštrukcie: ................................................................................... 39

Brokolica a karfiolový šalát Porcie: 6 ......................................... 40

Ingrediencie: ................................................................................ 40

Inštrukcie: ................................................................................... 41

Kurací šalát s čínskym dotykom Porcie: 3 .................................. 42

Ingrediencie: ................................................................................ 42

Inštrukcie: ................................................................................... 43

Porcie plnené paprikou amarantom a quinoou: 4 ..................... 44

Ingrediencie: ................................................................................ 44

Porcie rybieho filé v chrumkavej syrovej kruste: 4 ..................... 46

Ingrediencie: ................................................................................ 46

Inštrukcie: ................................................................................... 46

Proteínové fazule a zelené plnené škrupiny ............................... 48

Ingrediencie: ................................................................................ 48

Zloženie ázijského rezancového šalátu: ..................................... 51

Inštrukcie: ................................................................................... 51

Porcie lososa a zelenej fazuľky: 4 ............................................... 53

Ingrediencie: ................................................................................ 53

| | |
|---|---|
| Inštrukcie: | 53 |
| Suroviny na syrové plnené kura: | 55 |
| Inštrukcie: | 56 |
| Rukola s dresingom z gorgonzoly Porcie: 4 | 57 |
| Ingrediencie: | 57 |
| Inštrukcie: | 57 |
| Porcie kapustovej polievky: 6 | 59 |
| Ingrediencie: | 59 |
| Porcie karfiolovej ryže: 4 | 60 |
| Ingrediencie: | 60 |
| Inštrukcie: | 60 |
| Porcie Feta Frittata a špenát: 4 | 61 |
| Ingrediencie: | 61 |
| Inštrukcie: | 61 |
| Ingrediencie nálepiek s ohnivým kuracím hrncom: | 63 |
| Inštrukcie: | 64 |
| Cesnakové krevety s strúhaným karfiolom Porcie: 2 | 65 |
| Ingrediencie: | 65 |
| Inštrukcie: | 66 |
| Porcie brokolica s tuniakom: 1 | 67 |
| Ingrediencie: | 67 |
| Inštrukcie: | 67 |
| Maslová tekvicová polievka s krevetami Porcie: 4 | 69 |
| Ingrediencie: | 69 |
| Inštrukcie: | 70 |
| Chutné pečené guličky z moriek Počet porcií: 6 | 71 |
| Ingrediencie: | 71 |

Inštrukcie: ............................................................................... 71

Porcie čistej mušľovej polievky: 4 ........................................ 73

Ingrediencie: .......................................................................... 73

Inštrukcie: ............................................................................... 74

Porcie s ryžou a kuracím mäsom: 4 ..................................... 75

Ingrediencie: .......................................................................... 75

Inštrukcie: ............................................................................... 76

Dusené krevety Jambalaya Jumble Porcie: 4 ...................... 78

Ingrediencie: .......................................................................... 78

Kuracie chilli porcie: 6 ............................................................ 80

Ingrediencie: .......................................................................... 80

Inštrukcie: ............................................................................... 81

Porcie cesnakovo-šošovicovej polievky: 4 ........................... 82

Ingrediencie: .......................................................................... 82

Chutná cuketa a kuracie mäso v klasickej Santa Fe praženica ........ 84

Ingrediencie: .......................................................................... 84

Inštrukcie: ............................................................................... 85

Tilapia Tacos s úžasným zázvorovo-sezamovým šalátom ........ 86

Ingrediencie: .......................................................................... 86

Inštrukcie: ............................................................................... 86

Porcie šošovicového kari: 4 .................................................. 88

Ingrediencie: .......................................................................... 88

Inštrukcie: ............................................................................... 88

Kapustový Caesar šalát s grilovaným kuracím zábalom Porcie: 2 ........ 90

Ingrediencie: .......................................................................... 90

Inštrukcie: ............................................................................... 91

Porcie fazuľového špenátového šalátu: 1 ............................ 92

Ingrediencie: ..................................................................................... 92

Inštrukcie: ........................................................................................ 92

Porcie z lososa s vlašskými orechmi a rozmarínom: 6 ................... 93

Ingrediencie: ..................................................................................... 93

Inštrukcie: ........................................................................................ 94

Pečené sladké zemiaky s červenou omáčkou Tahini Porcie: 4 ........ 95

Ingrediencie: ..................................................................................... 95

Inštrukcie: ........................................................................................ 96

Talianska letná squashová polievka Porcie: 4 ................................. 97

Ingrediencie: ..................................................................................... 97

Inštrukcie: ........................................................................................ 98

Porcie polievky so šafranom a lososom: 4 ....................................... 99

Ingrediencie: ..................................................................................... 99

Thajská horúca a kyslá polievka s krevetami a hubami ................. 101

Ingrediencie: ................................................................................... 101

Inštrukcie: ...................................................................................... 102

Orzo so sušenými paradajkami Ingrediencie: ................................ 103

Inštrukcie: ...................................................................................... 103

Porcie hubovej a repnej polievky: 4 ............................................... 105

Ingrediencie: ................................................................................... 105

Inštrukcie: ...................................................................................... 105

Ingrediencie na kuracie parmezánové guľky: ................................ 107

Inštrukcie: ...................................................................................... 107

Zloženie mäsových guľôčok Alla Parmigiana: ................................ 109

Inštrukcie: ...................................................................................... 110

Plech Pan Morčacie prsia so zlatou zeleninou ............................... 111

Ingrediencie: ................................................................................... 111

Inštrukcie: ............................................................................................... 111

Kokosovo zelené kari s uvarenou ryžou Porcie: 8 ....................... 113

Ingrediencie: .......................................................................................... 113

Inštrukcie: ............................................................................................... 113

Sladká zemiakovo-kuracia polievka so šošovicou Porcie: 6 ................. 115

Ingrediencie: .......................................................................................... 115

Inštrukcie: ............................................................................................... 116

Ingrediencie na mäsové guľôčky Taco Bowls: ...................................... 117

Inštrukcie: ............................................................................................... 118

Avokádové pesto Zoodles s lososovými porciami: 4 ........................... 120

Ingrediencie: .......................................................................................... 120

Inštrukcie: ............................................................................................... 120

Kurkumou okorenené sladké zemiaky, jablko a cibuľa s kuracím mäsom
................................................................................................................. 122

Ingrediencie: .......................................................................................... 122

Pečený bylinkový steak z lososa Porcie: 4 ........................................... 124

Ingrediencie: .......................................................................................... 124

Inštrukcie: ............................................................................................... 124

Porcie tofu a talianskej letnej zeleniny: 4 ............................................ 126

Ingrediencie: .......................................................................................... 126

Inštrukcie: ............................................................................................... 126

Ingrediencie na šalát s jahodami a kozím syrom: ............................... 128

Inštrukcie: ............................................................................................... 128

Porcie karfiolu a tresky z kurkumy: 4 ................................................... 130

Ingrediencie: .......................................................................................... 130

Inštrukcie: ............................................................................................... 131

Porcie vlašských orechov a špargle: 4 .................................................. 132

Ingrediencie: ........................................................................................... 132

Inštrukcie: ............................................................................................. 132

Ingrediencie na cestoviny Alfredo Cuketa: ........................................... 133

Inštrukcie: ............................................................................................. 133

Quinoa Morčacie kura Ingrediencie: ..................................................... 135

Inštrukcie: ............................................................................................. 136

Porcie cesnakových a tekvicových rezancov: 4 .................................... 138

Ingrediencie: ......................................................................................... 138

Inštrukcie: ............................................................................................. 139

Porcie duseného pstruha s červenou fazuľou a chilli salsou: 1 ............ 140

Ingrediencie: ......................................................................................... 140

Inštrukcie: ............................................................................................. 141

Porcie polievky zo sladkých zemiakov a moriek: 4 ............................... 142

Ingrediencie: ......................................................................................... 142

Inštrukcie: ............................................................................................. 143

Miso porcie grilovaného lososa: 2 ........................................................ 144

Ingrediencie: ......................................................................................... 144

Inštrukcie: ............................................................................................. 144

Porcie jednoducho duseného vločkového filé: 6 .................................. 146

Ingrediencie: ......................................................................................... 146

Inštrukcie: ............................................................................................. 146

Porcie bravčového carnitasu: 10 .......................................................... 147

Ingrediencie: ......................................................................................... 147

Inštrukcie: ............................................................................................. 148

Biela rybia polievka so zeleninou ......................................................... 149

Porcie: 6 až 8 ........................................................................................ 149

Ingrediencie: ......................................................................................... 149

Inštrukcie: .................................................................................. 149

Počet porcií mušlí s citrónom: 4 .................................................. 151

Ingrediencie: ............................................................................ 151

Inštrukcie: .................................................................................. 151

Porcie lososa s limetkou a čili: 2 ................................................. 152

Ingrediencie: ............................................................................ 152

Inštrukcie: .................................................................................. 152

Syrové cestoviny s tuniakom Porcie: 3-4 .................................... 153

Ingrediencie: ............................................................................ 153

Inštrukcie: .................................................................................. 153

Porcie rybích prúžkov v kokosovej kôre: 4 ................................ 155

Ingrediencie: ............................................................................ 155

Inštrukcie: .................................................................................. 156

Porcie mexických rýb: 2 ............................................................... 157

Ingrediencie: ............................................................................ 157

Inštrukcie: .................................................................................. 157

Pstruh s uhorkovou salsou Porcie: 4 ........................................... 159

Ingrediencie: ............................................................................ 159

Citrónové zoodle s porciami kreviet: 4 ...................................... 161

Ingrediencie: ............................................................................ 161

Inštrukcie: .................................................................................. 161

Porcie chrumkavých kreviet: 4 .................................................... 163

Ingrediencie: ............................................................................ 163

Inštrukcie: .................................................................................. 163

Porcie grilovaného morského vlka: 2 ......................................... 164

Ingrediencie: ............................................................................ 164

Inštrukcie: .................................................................................. 164

Počet porcií koláčov z lososa: 4 .................................................................. 165

Ingrediencie: ............................................................................................ 165

Inštrukcie: ................................................................................................ 165

Porcie pikantnej tresky: 4 ........................................................................ 166

Ingrediencie: ............................................................................................ 166

Inštrukcie: ................................................................................................ 166

Porcie nátierky z údeného pstruha: 2 ..................................................... 167

Ingrediencie: ............................................................................................ 167

Inštrukcie: ................................................................................................ 167

Porcie tuniaka a šalotky: 4 ...................................................................... 169

Ingrediencie: ............................................................................................ 169

Inštrukcie: ................................................................................................ 169

Porcie kreviet s citrónom a korením: 2 ................................................... 170

Ingrediencie: ............................................................................................ 170

Inštrukcie: ................................................................................................ 170

Počet porcií steaku z horúceho tuniaka: 6 ............................................. 171

Ingrediencie: ............................................................................................ 171

Inštrukcie: ................................................................................................ 171

Porcie lososa Cajun: 2 ............................................................................. 173

Ingrediencie: ............................................................................................ 173

Inštrukcie: ................................................................................................ 173

Quinoa Miska lososa so zeleninou ......................................................... 174

Porcie: 4 .................................................................................................... 174

Ingrediencie: ............................................................................................ 174

Porcie strúhanej ryby: 4 .......................................................................... 176

Ingrediencie: ............................................................................................ 176

Inštrukcie: ................................................................................................ 176

Jednoduché porcie lososových placiek: 4 ............ 177
Ingrediencie: ............ 177
Inštrukcie: ............ 178
Porcie kreviet popcorn: 4 ............ 179
Ingrediencie: ............ 179
Inštrukcie: ............ 180
Pikantné porcie pečenej ryby: 5 ............ 181
Ingrediencie: ............ 181
Inštrukcie: ............ 181
Porcie tuniaka na paprike: 4 ............ 182
Ingrediencie: ............ 182
Inštrukcie: ............ 182
Porcie rybích placiek: 2 ............ 183
Ingrediencie: ............ 183
Inštrukcie: ............ 183
Pečené mušle s medom Porcie: 4 ............ 184
Ingrediencie: ............ 184
Inštrukcie: ............ 184
Filety z tresky s hubami Shiitake Porcie: 4 ............ 186
Ingrediencie: ............ 186
Inštrukcie: ............ 186
Porcie grilovaného morského vlka: 2 ............ 188
Ingrediencie: ............ 188
Inštrukcie: ............ 188
Pečené paradajkové porcie merlúzy: 4-5 ............ 189
Ingrediencie: ............ 189
Inštrukcie: ............ 189

Pečená treska s repou Porcie: 4 ................................................................191

Ingrediencie: ...................................................................................................191

Srdečné porcie tuniaka: 4 ............................................................................193

Ingrediencie: ...................................................................................................193

Inštrukcie: .......................................................................................................193

Porcie citrónového lososa s kafírovou limetkou: 8 ................................195

Ingrediencie: ...................................................................................................195

Inštrukcie: .......................................................................................................195

Jemný losos v horčicovej omáčke Porcie: 2 ............................................197

Ingrediencie: ...................................................................................................197

Inštrukcie: .......................................................................................................197

Porcie krabieho šalátu: 4 ..............................................................................199

Ingrediencie: ...................................................................................................199

Inštrukcie: .......................................................................................................199

Pečený losos s miso omáčkou Porcie: 4 ..................................................200

Ingrediencie: ...................................................................................................200

Inštrukcie: .......................................................................................................200

Pečená treska s medom obalená bylinkami Porcie: 2 ...........................202

Ingrediencie: ...................................................................................................202

Inštrukcie: .......................................................................................................202

Parmezánová zmes tresky: 4 .......................................................................204

Ingrediencie: ...................................................................................................204

Inštrukcie: .......................................................................................................204

Porcie chrumkavých cesnakových kreviet: 4 ..........................................205

Ingrediencie: ...................................................................................................205

Inštrukcie: .......................................................................................................205

Krémová zmes morských vlkov: 4 .............................................................206

Ingrediencie: ................................................................................... 206

Inštrukcie: ...................................................................................... 206

Uhorka Ahi Poke Porcie: 4 ................................................................ 207

Ingrediencie: ................................................................................... 207

Miešaná treska s mätou: 4 .............................................................. 209

Ingrediencie: ................................................................................... 209

Inštrukcie: ...................................................................................... 209

Porcie citrónovej a krémovej tilapie: 4 ........................................... 211

Ingrediencie: ................................................................................... 211

Inštrukcie: ...................................................................................... 211

Porcie rybieho tacosu: 4 ................................................................. 213

Ingrediencie: ................................................................................... 213

Inštrukcie: ...................................................................................... 214

Porcie zmesi zázvorového morského vlka: 4 ................................. 215

Ingrediencie: ................................................................................... 215

Inštrukcie: ...................................................................................... 215

Porcie kokosových kreviet: 4 .......................................................... 216

Ingrediencie: ................................................................................... 216

Porcie bravčového s muškátovým oriešom: 4 ............................... 218

Ingrediencie: ................................................................................... 218

Inštrukcie: ...................................................................................... 218

# Korenená brokolica, karfiol a tofu s červenou cibuľou

Porcie: 2

Čas varenia: 25 minút

## Ingrediencie:

2 šálky ružičiek brokolice

2 šálky ružičiek karfiolu

1 stredne veľká červená cibuľa, nakrájaná na kocky

3 lyžice extra panenského olivového oleja

1 lyžička soli

¼ lyžičky čerstvo mletého čierneho korenia

1-libra pevného tofu, nakrájané na 1-palcové kocky

1 strúčik cesnaku, mletý

1 (¼-palcový) kúsok čerstvého zázvoru, mletého

## Inštrukcie:

1. Predhrejte rúru na 400°F.

2. Zmiešajte brokolicu, karfiol, cibuľu, olej, soľ a korenie na veľkom plechu na pečenie a dobre premiešajte.

3. Restujeme, kým zelenina nezmäkne, 10 až 15 minút.

4. Pridajte tofu, cesnak a zázvor. Opečte do 10 minút.

5. Suroviny na plechu jemne premiešame, aby sa tofu spojilo so zeleninou a podávame.

<u>Výživové informácie:</u>Kalórie 210 Celkový tuk: 15 g Celkové sacharidy: 11 g Cukor: 4 g Vláknina: 4 g Bielkoviny: 12 g Sodík: 626 mg

# Porcie fazule a lososa: 4

Čas varenia: 25 minút

## Ingrediencie:

1 šálka konzervovanej čiernej fazule, scedených a opláchnutých 4 strúčikov cesnaku, mletého

1 žltá cibuľa, nakrájaná

2 lyžice olivového oleja

4 filety lososa, vykostené

½ lyžičky koriandra, mletého

1 lyžička prášku z kurkumy

2 paradajky, nakrájané na kocky

½ šálky kuracieho vývaru

Štipka soli a čierneho korenia

½ lyžičky rascových semien

1 polievková lyžica nasekanej pažítky

## *Inštrukcie:*

1. Panvicu s olejom rozohrejeme na strednom ohni, pridáme cibuľu a cesnak a restujeme 5 minút.

2. Pridajte rybu a opečte ju z každej strany 2 minúty.

3. Pridajte fazuľu a ostatné ingrediencie, jemne premiešajte a varte ďalších 10 minút.

4. Zmes rozdeľte na taniere a podávajte hneď na obed.

<u>Výživové informácie:</u>kalórií 219, tuk 8, vláknina 8, sacharidy 12, bielkoviny 8

## Porcie mrkvovej polievky: 4

Čas varenia: 40 minút

## Ingrediencie:

1 šálka maslovej tekvice nasekanej

1 polievková lyžica. Olivový olej

1 polievková lyžica. Korenie kurkuma

14 ½ oz. Kokosové mlieko, svetlé

3 šálky mrkvy, nakrájanej

1 pór, opláchnutý a nakrájaný na plátky

1 polievková lyžica. Zázvor, strúhaný

3 šálky zeleninového vývaru

1 šálka feniklu, nasekaného

Soľ a korenie, podľa chuti

2 strúčiky cesnaku, mleté

## *Inštrukcie:*

1. Začnite zahrievaním holandskej rúry na stredne vysokú teplotu.

2. K tomu po lyžičkách vmiešame olej a potom vmiešame fenikel, tekvicu, mrkvu a pór. Dobre premiešajte.

3. Teraz ju restujte 4 až 5 minút alebo kým nezmäkne.

4. Ďalej do nej pridajte kurkumu, zázvor, korenie a cesnak. Varte ešte 1 až 2 minúty.

5. Potom k nej prilejte vývar a kokosové mlieko. Dobre kombinujte.

6. Potom priveďte zmes do varu a prikryte holandskú rúru.

7. Nechajte dusiť 20 minút.

8. Po uvarení premiestnite zmes do vysokorýchlostného mixéra a mixujte 1 až 2 minúty alebo kým nezískate krémovú hladkú polievku.

9. Skontrolujte, či nie je korenie a ak je to potrebné, lyžičkou pridajte viac soli a korenia.

<u>Výživové informácie:</u>Kalórie: 210,4 kcal Bielkoviny: 2,11 g Sacharidy: 25,64 gTuky: 10,91 g

## Porcie zdravého cestovinového šalátu: 6

Čas varenia: 10 minút

## Ingrediencie:

1 balenie bezlepkových cestovín fusilli

1 šálka hroznových paradajok, nakrájaných na plátky

1 hrsť čerstvého koriandra, nasekaného

1 šálka olív, rozpolená

1 šálka čerstvej bazalky, nasekanej

½ šálky olivového oleja

Morská soľ podľa chuti

## Inštrukcie:

1. Zmiešajte olivový olej, nasekanú bazalku, koriander a morskú soľ.

Odložte bokom.

2. Cestoviny uvaríme podľa návodu na obale, precedíme a prepláchneme.

3. Cestoviny spojte s paradajkami a olivami.

4. Pridajte zmes olivového oleja a miešajte, kým sa dobre nespojí.

Výživové informácie:Celkový obsah sacharidov 66 g Vláknina: 5 g Bielkoviny: 13 g Celkový obsah tukov: 23 g Kalórie: 525

# Porcie cícerového kari: 4 až 6

Čas varenia: 25 minút

## Ingrediencie:

2 × 15 oz. Cícer umytý, scedený a uvarený 2 polievkové lyžice. Olivový olej

1 polievková lyžica. Korenie kurkuma

½ z 1 cibule, nakrájanej na kocky

1 lyžička. Cayenne, uzemnené

4 strúčiky cesnaku, mleté

2 lyžičky. Chilli prášok

15 oz. Paradajkový pretlak

Čierne korenie, podľa potreby

2 polievkové lyžice. Rajčinová pasta

1 lyžička. Cayenne, uzemnené

½ lyžice. Javorový sirup

½ z 15 oz. plechovka kokosového mlieka

2 lyžičky. Kmín, uzemnený

2 lyžičky. Paprika údená

## Inštrukcie:

1. Zohrejte veľkú panvicu na stredne vysokú teplotu. K tomu lyžicou vmiešame olej.

2. Keď sa olej rozpáli, vmiešame cibuľu a opekáme 3 až 4 minút alebo do zmäknutia.

3. Potom do nej po lyžičkách nalejte paradajkový pretlak, javorový sirup, všetky koreniny, paradajkový pretlak a cesnak. Dobre premiešajte.

4. Potom k nej pridajte uvarený cícer spolu s kokosovým mliekom, čiernym korením a soľou.

5. Teraz všetko poriadne premiešajte a nechajte dusiť 8 až 10 minút alebo do zhustnutia.

6. Pokvapkáme limetkovou šťavou a podľa potreby ozdobíme koriandrom.

<u>Výživové informácie:</u>Kalórie: 224 kcal Bielkoviny: 15,2 g Sacharidy: 32,4 gTuky: 7,5 g

## Suroviny na mleté mäso Stroganoff:

1 lb chudého mletého mäsa

1 malá cibuľa nakrájaná na kocky

1 strúčik cesnaku mletý

Nakrájajte 3/4 libry nových húb

3 lyžice múky

2 šálky mäsového vývaru

soľ a korenie podľa chuti

2 čajové lyžičky worcesterskej omáčky

3/4 šálky ostrého krému

2 lyžice novej petržlenovej vňate

## Inštrukcie:

1. Tmavo sfarbený mletý hamburger, cibuľa a cesnak (snažte sa, aby ste ich navrchu nerozdelili), kým nezostane ružová. Kanálový tuk.

2. Pridajte nakrájané huby a varte 2-3 minúty. Primiešame múku a postupne varíme 1 minútu.

3. Pridajte vývar, worčestrovú omáčku, soľ a korenie a zohrejte do bodu varu. Znížime teplotu a dusíme na nízkej teplote 10 minút.

Varte vaječné rezance podľa označenia hlavičky zväzku.

4. Mäsovú zmes odstavíme z tepla, primiešame ostrú smotanu a petržlenovú vňať.

5. Podávajte cez vaječné rezance.

## *Porcie pikantných krátkych rebier: 4*

Čas varenia: 65 minút

## Ingrediencie:

2 libry hovädzie krátke rebrá

1 ½ ČL olivového oleja

1 ½ lyžice sójovej omáčky

1 lyžica worcesterskej omáčky

1 lyžica stévie

1 ¼ šálky nakrájanej cibule.

1 ČL mletého cesnaku

1/2 šálky červeného vína

⅓ šálky kečupu bez cukru

Soľ a čierne korenie podľa chuti

## *Inštrukcie:*

1. Rebierka nakrájame na 3 časti a potrieme čiernym korením a soľou.

2. Pridajte olej do Instant Pot a stlačte Sauté.

3. Rebierka vložíme do oleja a opekáme 5 minút z každej strany.

4. Vhoďte cibuľu a restujte 4 minúty.

5. Vmiešame cesnak a varíme 1 minútu.

6. Zvyšné ingrediencie rozšľaháme v miske a nalejeme na rebrá.

7. Nasaďte tlakové veko a varte 55 minút v manuálnom režime pri vysokom tlaku.

8. Po dokončení prirodzene uvoľnite tlak a potom odstráňte veko.

9. Podávajte teplé.

<u>Výživové informácie:</u>Kalórie 555, sacharidy 12,8 g, bielkoviny 66,7 g, tuky 22,3 g, vláknina 0,9 g

# Porcie kuracej a bezlepkovej rezancovej polievky: 4

Čas varenia: 25 minút

## Ingrediencie:

¼ šálky extra panenského olivového oleja

3 stonky zeleru, nakrájané na ¼-palcové plátky

2 stredné mrkvy, nakrájané na ¼-palcové kocky

1 malá cibuľa, nakrájaná na ¼-palcové kocky

1 vetvička čerstvého rozmarínu

4 šálky kuracieho vývaru

8 uncí bezlepkové penne

1 lyžička soli

¼ lyžičky čerstvo mletého čierneho korenia

2 šálky na kocky nakrájaného grilovaného kuracieho mäsa

¼ šálky jemne nasekanej čerstvej petržlenovej vňate Inštrukcie:

1. Vo veľkom hrnci zohrejte olej na vysokej teplote.

2. Vložte zeler, mrkvu, cibuľu a rozmarín a duste, kým nezmäknú, 5 až 7 minút.

3. Pridajte vývar, penne, soľ a korenie a prevarte.

4. Dusíme a varíme, kým penne nezmäknú, 8 až 10 minút.

5. Odstráňte a zlikvidujte vetvičku rozmarínu a pridajte kuracie mäso a petržlenovú vňať.

6. Znížte teplotu na minimum. Varte do 5 minút a podávajte.

<u>Výživové informácie:</u>Kalórie 485 Celkový tuk: 18 g Celkové sacharidy: 47 g Cukor: 4 g Vláknina: 7 g Bielkoviny: 33 g Sodík: 1423 mg

## Porcie šošovicového kari: 4

Čas varenia: 40 minút

## Ingrediencie:

2 lyžičky. Horčičné semienka

1 lyžička. Kurkuma, uzemnená

1 šálka namočenej šošovice

2 lyžičky. Semená rasce

1 paradajka, veľká a nakrájaná

1 žltá cibuľa, nakrájaná nadrobno

4 šálky vody

Morská soľ, podľa potreby

2 mrkvy, nakrájané na polmesiace

3 hrste špenátových listov, nastrúhaných

1 lyžička. Zázvor, mletý

½ lyžičky Chilli prášok

2 polievkové lyžice. Kokosový olej

## Inštrukcie:

1. Najprv vložte fazuľky mungo a vodu do hlbokého hrnca na stredne vysokú teplotu.

2. Teraz priveďte zmes fazule do varu a nechajte ju vrieť.

3. Dusíme do 20 až 30 minút alebo kým mungo nezmäknú.

4. Potom zohrejte kokosový olej vo veľkej panvici na strednom ohni a vmiešajte horčičné semienka a rascu.

5. Ak horčičné semienka vyskočia, vložte cibuľu. Cibuľu orestujeme na 4 minút alebo kým nezmäknú.

6. Po lyžičkách pridajte cesnak a pokračujte v restovaní ďalšiu 1 minútu.

Akonáhle je aromatická, pridajte do nej kurkumu a čili prášok.

7. Potom pridajte mrkvu a paradajku – Varte 6 minút alebo do zmäknutia.

8. Nakoniec do nej pridáme uvarenú šošovicu a všetko poriadne premiešame.

9. Vmiešajte špenátové listy a duste, kým nezvädnú. Odstráňte z tepla. Podávajte teplé a vychutnajte si ho.

<u>Výživové informácie:</u>Kalórie 290 kcal Bielkoviny: 14 g Sacharidy: 43 g Tuky: 8 g

# Kuracie mäso a hrášok Porcie praženice: 4

Čas varenia: 10 minút

# Ingrediencie:

1 ¼ šálky vykostených kuracích pŕs bez kože, nakrájaných na tenké plátky 3 lyžice čerstvého koriandru, nasekaného

2 lyžice rastlinného oleja

2 polievkové lyžice sezamových semienok

1 zväzok cibuľky, nakrájanej na tenké plátky

2 čajové lyžičky Sriracha

2 strúčiky cesnaku, mleté

2 lyžice ryžového octu

1 paprika, nakrájaná na tenké plátky

3 lyžice sójovej omáčky

2½ šálky hrášku

Soľ, podľa chuti

Čerstvo mleté čierne korenie, podľa chuti

## Inštrukcie:

1. Na panvici zohrejte olej na strednom ohni. Pridajte cesnak a na tenké plátky nakrájanú cibuľku. Povarte minútu a potom pridajte 2 ½ šálky hrášku spolu s paprikou. Varte do mäkka, len asi 3-4 minúty.

2. Pridajte kuracie mäso a varte asi 4-5 minút, alebo kým nie je úplne uvarené.

3. Pridajte 2 čajové lyžičky Sriracha, 2 polievkové lyžice sezamových semienok, 3 lyžice sójovej omáčky a 2 lyžice ryžového octu. Všetko premiešajte, kým sa dobre nespojí. Varte do 2-3 minút na miernom ohni.

4. Pridajte 3 polievkové lyžice nasekaného koriandra a dobre premiešajte. Premiestnite a posypte ďalšími sezamovými semienkami a koriandrom, ak je to potrebné. Užite si to!

<u>Výživové informácie:</u>228 kalórií 11 g tuku 11 g celkovo sacharidov 20 g bielkovín

# Šťavnatá brokolica so sardelovými mandľami

## Porcie: 6

Čas varenia: 10 minút

## Ingrediencie:

2 zväzky brokolice, orezané

1 polievková lyžica extra panenského olivového oleja

1 dlhé čerstvé červené čili zbavené semienok, nadrobno nakrájané 2 strúčiky cesnaku, nakrájané na tenké plátky

¼ šálky prírodných mandlí, nahrubo nasekaných

2 čajové lyžičky citrónovej kôry, jemne nastrúhanej

Citrónová šťava, čerstvá

4 ančovičky v oleji, nasekané

## Inštrukcie:

1. Vo veľkej panvici rozohrejte olej, kým nebude horúci. Pridajte scedené ančovičky, cesnak, čili a citrónovú kôru. Varte do aromatického stavu 30

sekúnd za častého miešania. Pridajte mandle a pokračujte vo varení ďalšiu minútu za častého miešania. Odstráňte z tepla a pridajte šťavu z čerstvej citrónovej šťavy.

2. Potom vložte brokolicu do parného košíka nad hrncom s vriacou vodou. Prikryte a varte do chrumkava, 2

do 3 minút. Dobre sceďte a potom preneste na veľký servírovací tanier. Navrch dáme mandľovú zmes. Užite si to.

<u>Výživové informácie:</u>kcal 350 Tuky: 7 g Vláknina: 3 g Bielkoviny: 6 g

## Porcie shiitake a špenátových placiek: 8

Čas varenia: 15 minút

## Ingrediencie:

1 ½ šálky húb shiitake, mletých

1 ½ šálky špenátu, nakrájaného

3 strúčiky cesnaku, mleté

2 cibule, mleté

4 lyžičky. olivový olej

1 vajce

1 ½ šálky quinoa, uvarená

1 ½ lyžičky. talianske korenie

1/3 šálky opečených slnečnicových semienok, mletých

1/3 šálky syra Pecorino, strúhaný

## *Inštrukcie:*

1. V hrnci zohrejte olivový olej. Keď sú huby shiitake horúce, dusíme 3 minúty alebo kým nie sú zľahka opečené. Pridajte cesnak a cibuľu. Duste 2 minúty alebo kým nebude voňavé a priehľadné. Odložte bokom.

2. V tom istom hrnci zohrejte zvyšný olivový olej. Pridajte špenát. Znížte teplotu, potom varte 1 minútu, sceďte a preložte do sitka.

3. Špenát nasekáme nadrobno a pridáme do hubovej zmesi. Do špenátovej zmesi pridáme vajíčko. Pridajte uvarenú quinou – dochuťte talianskym korením a potom premiešajte, kým sa dobre nespoja. Prisypeme slnečnicové semienka a syr.

4. Špenátovú zmes rozdeľte na karbonátky – karbonátky uvarte do 5 minút alebo kým nebude pevná a zlatohnedá. Podávame s burgerovým chlebom.

<u>Výživové informácie:</u>Kalórie 43 Sacharidy: 9 g Tuky: 0 g Bielkoviny: 3 g

# Brokolica a karfiolový šalát Porcie: 6

Čas varenia: 20 minút

## Ingrediencie:

¼ lyžičky. Čierne korenie, uzemnené

3 šálky karfiolových ružičiek

1 polievková lyžica. Ocot

1 lyžička. Med

8 šálok nasekaného kelu

3 šálky ružičiek brokolice

4 polievkové lyžice. Extra panenský olivový olej

½ lyžičky Soľ

1 ½ lyžičky. Dijonská horčica

1 lyžička. Med

½ šálky čerešní, sušených

1/3 šálky pekanových orechov, nasekaných

1 šálka syra Manchego, nastrúhaného

## Inštrukcie:

1. Predhrejte rúru na 450 ° F a vložte plech na pečenie na stredný rošt.

2. Potom dajte ružičky karfiolu a brokolice do veľkej misy.

3. K tomu po lyžiciach pridajte polovicu soli, dve polievkové lyžice oleja a korenie. Dobre hádzať.

4. Teraz zmes preložíme na predhriaty plech a pečieme 12 minút, pričom medzitým raz obrátime.

5. Keď sa stane jemným a má zlatistú farbu, vyberte ho z rúry a nechajte úplne vychladnúť.

6. Medzitým v inej miske zmiešame zvyšné dve polievkové lyžice oleja, octu, medu, horčice a soli.

7. Touto zmesou natrite listy kelu tak, že ich pomasírujete rukami. Odložte na 3 až 5 minút.

8. Nakoniec do brokolicovo-karfiolového šalátu vmiešame orestovanú zeleninu, syr, čerešne a pekan.

<u>Výživové informácie:</u>Kalórie: 259 kcal Bielkoviny: 8,4 g Sacharidy: 23,2 g Tuky: 16,3 g

## Kurací šalát s čínskym dotykom Porcie: 3

Čas varenia: 25 minút

## Ingrediencie:

1 stredná zelená cibuľa (nakrájaná na tenké plátky)

2 Vykostené kuracie prsia

2 lyžice sójovej omáčky

¼ lyžičky bieleho korenia

1 lyžica sezamového oleja

4 šálky rímskeho šalátu (nasekaného)

1 šálka kapusty (strúhanej)

¼ šálky malých kociek mrkvy

¼ šálky mandlí nakrájaných na tenké plátky

¼ šálky rezancov (iba na servírovanie)

Na prípravu čínskeho dresingu:

1 Nasekaný strúčik cesnaku

1 čajová lyžička sójovej omáčky

1 lyžica sezamového oleja

2 lyžice ryžového octu

1 lyžica cukru

## *Inštrukcie:*

1. Čínsky dresing pripravíme tak, že v miske rozšľaháme všetky ingrediencie.

2. V miske marinujte kuracie prsia s cesnakom, olivovým olejom, sójovou omáčkou a bielym korením 20 minút.

3. Zapekaciu misu vložíme do predhriatej rúry (na 225°C).

4. Do pekáča vložíme kuracie prsia a pečieme takmer 20

minút.

5. Na zostavenie šalátu kombinujte rímsku rascu, kapustu, mrkvu a zelenú cibuľku.

6. Na servírovanie položte na tanier kúsok kurčaťa a naň šalát. Spolu s rezancami prelejte dresingom.

<u>Výživové informácie:</u>Kalórie 130 Sacharidy: 10 g Tuky: 6 g Bielkoviny: 10 g

# Porcie plnené paprikou amarantom a quinoou:

# 4

Čas varenia: 1 hodina a 10 minút

## Ingrediencie:

2 polievkové lyžice amarantu

1 stredná cuketa, orezaná, nastrúhaná

2 dozreté paradajky, nakrájané na kocky

2/3 šálky (približne 135 g) quinoa

1 cibuľa, stredne veľká, nakrájaná nadrobno

2 prelisované strúčiky cesnaku

1 lyžička mletého kmínu

2 lyžice jemne opražených slnečnicových semienok 75 g syra ricotta, čerstvého

2 lyžice ríbezlí

4 kapie, veľké, pozdĺžne rozpolené a zbavené semienok 2 polievkové lyžice plochej petržlenovej vňate, nahrubo nasekanejInštrukcie:

1. Plech na pečenie, najlepšie veľký, vysteľte papierom na pečenie (nepriľnavý) a potom si rúru predhrejte na 350 F vopred. Naplňte stredne veľkú panvicu približne pol litrom vody a potom pridajte amarant a quinou; priveďte do varu na miernom ohni. Po dokončení znížte teplotu na nízku; prikryte a nechajte dusiť, kým sa zrnká nezmenia na al dente a nevsiaknu vodu, 12 až 15

minút. Odstráňte z tepla a odložte.

2. Veľkú panvicu medzitým zľahka potrieme olejom a zohrejeme na strednom ohni. Keď je horúca, pridajte cibuľu s cuketou a za častého miešania pár minút varte do zmäknutia. Pridajte rascu a cesnak; minútku povarte. Odstavíme z ohňa a necháme vychladnúť.

3. Vložte zrná, cibuľovú zmes, slnečnicové semienka, ríbezle, petržlenovú vňať, ricottu a paradajky do mixovacej nádoby, najlepšie veľkej; ingrediencie dobre premiešajte, kým sa dobre nespoja – dochuťte korením a soľou podľa chuti.

4. Kapie naplňte pripravenou zmesou quinoa a poukladajte ich na plech, plech prikryte hliníkovou fóliou — Pečte 17 až 20

minút. Odstráňte fóliu a pečte, kým plnka nezozlatne a zelenina sa nezmení na vidličku, ďalších 15 až 20 minút.

<u>Výživové informácie:</u>kcal 200 Tuky: 8,5 g Vláknina: 8 g Bielkoviny: 15 g

## Porcie rybieho filé v chrumkavej syrovej kruste:

## 4

Čas varenia: 10 minút

## Ingrediencie:

¼ šálky celozrnnej strúhanky

¼ šálky parmezánu, strúhaného

¼-ČL morskej soli ¼-ČL mletého korenia

1 polievková lyžica. olivový olej 4 ks filé z tilapie

## Inštrukcie:

1. Predhrejte rúru na 375 °F.

2. V miske zmiešajte strúhanku, parmezán, soľ, korenie a olivový olej.

3. Dobre premiešajte, kým sa dôkladne nezmieša.

4. Filé natrieme zmesou a položíme na jemne postriekaný plech.

5. Plech vložíme do rúry.

6. Pečte 10 minút, kým sa filety nerozvaria a nezhnednú.

<u>Výživové informácie:</u>Kalórie: 255 Tuky: 7 g Bielkoviny: 15,9 g Sacharidy: 34 g

Vláknina: 2,6 g

# Proteínové fazule a zelené plnené škrupiny

## Ingrediencie:

Pravá alebo oceánska soľ

Olivový olej

12 oz. zväzok škrupín druhu (okolo 40) 1 lb. stuhnutý štiepaný špenát

2 až 3 strúčiky cesnaku, zbavené a rozdelené

15 až 16 oz. ricotta čedar (ideálne plnotučné/celé mlieko) 2 vajcia

1 plechovka bielej fazule (napríklad cannellini), vyčerpaná a prepláchnutá

½ C zelené pesto, vyrobené na mieru alebo lokálne Mleté tmavé korenie

3 C (alebo viac) marinara omáčka

Mletý parmezán alebo pecorino čedar (podľa vlastného uváženia)Inštrukcie:

1. V obrovskom hrnci zohrejte 5 litrov vody do bodu varu (alebo pracujte v dvoch menších zhlukoch). Pridajte lyžicu soli, kvapku olivového oleja a škrupiny. Bublinkujte asi 9 minút (alebo kým nie je extrémne stále trochu pevné), sporadicky premiešajte, aby sa škrupiny udržali izolované. Jemne nasmerujte škrupiny do cedníka alebo naberajte z vody otvorenou lyžicou. Rýchlo umyte studenou vodou. Ohraničenú vyhrievaciu fóliu vysteľte lepiacou fóliou. V okamihu, keď sú škrupiny dostatočne chladné, aby sa s

nimi dalo zaobchádzať, ich ručne oddeľte, vypustite prebytočnú vodu a otvorte otvor v osamelej vrstve na fóliovom kontajneri. Po praktickom vychladnutí natrieme postupne plastovou fóliou.

2. V podobnom hrnci priveďte niekoľko litrov vody (alebo použite zvyšnú vodu z cestovín, ak ste ju náhodou nevyliali). Pridajte stuhnutý špenát a varte tri minúty na vysokej teplote, kým nebude jemný. Cedník vysteľte mokrými papierovými utierkami, ak sú otvory obrovské, v tom momente vysypte špenát. Nastavte cedník nad misku, aby sa vyčerpal viac, kým začnete plniť.

3. Pridajte iba cesnak do výživného procesora a pracujte, kým nie je jemne rozrezaný a prilepený k bokom. Zoškrabte boky misky, v tomto bode pridajte ricottu, vajcia, fazuľu, pesto, 1½

lyžičky soli a pár kúskov korenia (hlavné stlačenie). Stlačte špenát vo svojom zovretí, aby ste vyčerpali studňu vynikajúcej vody, v tomto bode pridajte do rôznych upevnení vo výživnom procesore. Nechajte bežať, až kým nebude takmer hladká, s niekoľkými malými kúskami špenátu, ktoré sú stále viditeľné. Prikláňam sa k neochutnať po zaradení surového vajca, ale náhodou, že si myslíte, že jeho základná chuť trochu a upraviť arómu podľa chuti.

4. Predhrejte brojler na 350 (F) a osprchujte alebo jemne naolejujte brojlery 9 x 13"

panvicu, okrem inej menšej misky na guláš (asi 8 až 10 škrupín sa nezmestí do 9 x 13). Ak chcete naplniť škrupiny, získajte postupne každú škrupinu a držte ju otvorenú palcom a ukazovákom svojej neprevládajúcej ruky. Druhou rukou naberte 3 až 4 polievkové lyžice a škrabnite do škrupiny. Väčšia časť z nich nebude vyzerať skvele, čo je v poriadku! Naplnené škrupiny umiestnite blízko seba do pripravenej nádoby. Na škrupiny nalejte lyžicu omáčky a nechajte kúsky zelenej plnky nezameniteľné. Nádobu rozotrite zápražkou a pripravte na 30 minút. Zvýšte teplo na 375 (F), posypte škrupiny trochou mletého parmezánu (ak používate) a odhaľte teplo na ďalších 5

až 10 minút, kým sa čedar nerozpustí a nezníži sa vlhkosť.

5. Chladte 5 až 10 minút, potom podávajte samostatne alebo s čerstvým tanierom zmiešanej zeleniny ako doplnok!

## Zloženie ázijského rezancového šalátu:

8 uncí na dĺžku mierne celozrnné cestoviny – napríklad špagety (použite soba rezance, aby boli bezlepkové) 24 uncí Mann's Brokolica Cole Slaw – 2 12-uncové vrecúška 4 unce mletej mrkvy

1/4 šálky extra panenského olivového oleja

1/4 šálky ryžového octu

3 polievkové lyžice nektáru – použite svetlý agávový nektár, aby ste si zamilovali zeleninu

3 lyžice hladkej orechovej nátierky

2 lyžice sójovej omáčky s nízkym obsahom sodíka – v prípade potreby bezlepková 1 lyžica paprikovej omáčky Sriracha – alebo cesnakovo čili omáčky, navyše podľa chuti

1 polievková lyžica mletého nového zázvoru

2 čajové lyžičky mletého cesnaku – približne 4 strúčiky 3/4 šálky grilovaných nesolených arašidov, – zvyčajne nakrájaného 3/4 šálky nového koriandra – jemne nasekaného

## Inštrukcie:

1. Obrovský hrniec s osolenou vodou zohrejeme až do varu. Rezance uvarte, kým budú stále trochu pevné, podľa nadpisov zväzku. Kanál a rýchlo

prepláchnite studenou vodou, aby ste odstránili prebytočný škrob a zastavili varenie, v tom momente sa presuňte do obrovskej servírovacej misy. Zahrňte brokolicu a mrkvu.

2. Kým sa cestoviny uvaria, vyšľaháme olivový olej, ryžový ocot, nektár, orechovú nátierku, sójovú omáčku, Sriarchu, zázvor a cesnak. Nalejte cez zmes rezancov a miešajte, aby sa spevnili. Zahrňte arašidy a koriandr a znova hádzajte. Podávajte vychladené alebo pri izbovej teplote s extra omáčkou Sriracha podľa potreby.

3. Poznámky k vzorcom

4. Ázijský rezancový šalát môžeme podávať studený alebo pri izbovej teplote.

Skladujte v chladničke vo vode/vzduchovom držiaku po dobu 3 dní.

## Porcie lososa a zelenej fazuľky: 4

Čas varenia: 26 minút

## Ingrediencie:

2 lyžice olivového oleja

1 žltá cibuľa, nakrájaná

4 filety lososa, vykostené

1 šálka zelenej fazuľky, orezaná a rozpolená

2 strúčiky cesnaku, mleté

½ šálky kuracieho vývaru

1 lyžička čili prášku

1 lyžička sladkej papriky

Štipka soli a čierneho korenia

1 lyžica koriandra, nasekaného

## Inštrukcie:

1. Panvicu s olejom rozohrejeme na strednom ohni, pridáme cibuľu, premiešame a 2 minúty restujeme.

2. Pridajte rybu a opečte ju z každej strany 2 minúty.

3. Pridajte zvyšok prísad, jemne premiešajte a pečte všetko pri teplote 360 stupňov F počas 20 minút.

4. Všetko rozdeľte na taniere a podávajte na obed.

Výživové informácie:kalórií 322, tuk 18,3, vláknina 2, sacharidy 5,8, bielkoviny 35,7

## *Suroviny na syrové plnené kura:*

2 cibuľové cibuľky (striedmo nakrájané)

2 jalapeños so semienkami (úbohé nakrájané)

1/4 c. koriandr

1 lyžička. limetkový šmrnc

4 oz. Monterey Jack čedar (hrubo mletý) 4 malé vykostené kuracie prsia bez kože

3 polievkové lyžice. olivový olej

Soľ

Pepper

3 polievkové lyžice. limetkový džús

2 krúžkové papriky (jemne nakrájané)

1/2 malej červenej cibule (nakrájaná na drobno)

5 c. natrhaný rímsky šalát

## Inštrukcie:

1. Zahrejte brojlery na 450 °F. V miske spojte cibuľovú cibuľku a jalapeños so semienkami, 1/4 šálky koriandra (nasekaného) a limetky, v tom momente prihoďte čedar Monterey Jack.

2. Doplňte čepeľ do najhrubšieho kúska každého z vykostených kuracích pŕs bez kože a pohybujte sa sem a tam, aby ste vytvorili 2 1/2-palcové vrecko, ktoré je také široké, ako si len možno predstaviť. Kuracie plnka so zmesou čedaru.

3. Zahrejte 2 lyžice olivového oleja v obrovskej panvici na strednom stupni.

Kurča ochutíme soľou a korením a opekáme 3 až 4 minúty z jednej strany do žiarivej tmavšej farby. Otočte kurča a grilujte, kým sa neuvarí, 10 až 12 minút.

4. Medzitým si v obrovskej miske vyšľaháme limetkovú šťavu, 1

lyžica olivového oleja a 1/2 lyžičky soli. Pridajte krúžkovú papriku a červenú cibuľu a nechajte 10 minút postáť, sporadicky hádzajte. Zmiešajte s rímskym šalátom a 1 šálkou nového koriandra. Podávame s kuracím mäsom a plátkami limetky.

# *Rukola s dresingom z gorgonzoly Porcie: 4*

Čas varenia: 0 minút

## *Ingrediencie:*

1 zväzok rukoly, očistený

1 hruška, nakrájaná na tenké plátky

1 polievková lyžica čerstvej citrónovej šťavy

1 strúčik cesnaku, rozdrvený

1/3 šálky syra Gorgonzola, rozdrobeného

1/4 šálky zeleninového vývaru so zníženým obsahom sodíka

Čerstvo mleté korenie

4 lyžice olivového oleja

1 polievková lyžica jablčného octu

## *Inštrukcie:*

1. Plátky hrušiek a citrónovú šťavu dáme do misky. Hodiť do kabáta.

Plátky hrušiek spolu s rukolou poukladajte na tanier.

2. V miske zmiešajte ocot, olej, syr, vývar, korenie a cesnak. Nechajte 5 minút, odstráňte cesnak. Vložte dresing a potom podávajte.

Výživové informácie:Kalórie 145 Sacharidy: 23 g Tuky: 4 g Bielkoviny: 6 g

## *Porcie kapustovej polievky: 6*

Čas varenia: 35 minút

## *Ingrediencie:*

1 žltá cibuľa, nakrájaná

1 hlávka zelenej kapusty, nastrúhaná

2 lyžice olivového oleja

5 šálok zeleninového vývaru

1 mrkva, olúpaná a nastrúhaná

Štipka soli a čierneho korenia

1 lyžica koriandra, nasekaného

2 čajové lyžičky tymianu, nasekaného

½ lyžičky údenej papriky

½ lyžičky horkej papriky

1 lyžica citrónovej šťavy

## Porcie karfiolovej ryže: 4

Čas varenia: 10 minút

## Ingrediencie:

¼ šálky oleja na varenie

1 polievková lyžica. Kokosový olej

1 polievková lyžica. Kokosový cukor

4 šálky karfiolu, rozdeleného na ružičky ½ lyžičky. Soľ

## Inštrukcie:

1. Karfiol najskôr spracujeme v kuchynskom robote a spracovávame ho 1 až 2 minúty.

2. Vo veľkej panvici rozohrejte olej na strednom ohni, potom na panvicu pridajte ryžový karfiol, kokosový cukor a soľ.

3. Dobre ich premiešajte a varte 4 až 5 minút alebo kým karfiol nezmäkne.

4. Nakoniec zalejeme kokosovým mliekom a vychutnáme si to.

Výživové informácie:Kalórie 108 kcal Bielkoviny: 27,1 g Sacharidy: 11 g Tuky: 6 g

## *Porcie Feta Frittata a špenát: 4*

Čas varenia: 10 minút

## Ingrediencie:

½ malej hnedej cibule

250 g baby špenátu

½ šálky syra feta

1 lyžica cesnakovej pasty

4 rozšľahané vajcia

Koreniaca zmes

Soľ a korenie podľa chuti

1 lyžica olivového oleja

## Inštrukcie:

1. Na oleji pridáme nadrobno nakrájanú cibuľu a opražíme ju na strednom plameni.

2. Pridajte špenát do svetlohnedej cibule a duste 2 minúty.

3. Vo vajciach pridajte zmes studeného špenátu a cibule.

4. Teraz pridajte cesnakovú pastu, soľ a korenie a zmes premiešajte.

5. Túto zmes povarte na miernom plameni a jemne zamiešajte vajíčka.

6. Na vajcia pridáme syr feta a panvicu položíme pod už rozohriaty gril.

7. Varte ju takmer 2 až 3 minúty, kým frittata nezhnedne.

8. Podávajte túto feta frittatu teplú alebo studenú.

Výživové informácie:Kalórie 210 Sacharidy: 5 g Tuky: 14 g Bielkoviny: 21 g

## Ingrediencie nálepiek s ohnivým kuracím hrncom:

1 libra mletého kuracieho mäsa

1/2 šálky zničenej kapusty

1 mrkva, zbavená a zničená

2 strúčiky cesnaku, pretlačené

2 zelené cibule, skromne nakrájané

1 polievková lyžica sójovej omáčky so zníženým obsahom sodíka

1 lyžica hoisinovej omáčky

1 polievková lyžica prirodzene mletého zázvoru

2 lyžičky sezamového oleja

1/4 lyžičky mletého bieleho korenia

36 won ton obalov

2 lyžice rastlinného oleja

NA HORÚCU OLEJOVOU CHILI OMÁČKU:

1/2 šálky rastlinného oleja

1/4 šálky sušených červených čili papričiek roztlačených

2 strúčiky cesnaku, mleté

## Inštrukcie:

1. Zahrejte rastlinný olej na malej panvici na strednom ohni. Zmiešajte rozdrvenú papriku a cesnak, premiešajte tak často, kým olej nedosiahne teplotu 180 stupňov F, približne 8-10 minút; dať na bezpečné miesto.

2. V obrovskej miske zmiešajte kuracie mäso, kapustu, mrkvu, cesnak, zelenú cibuľku, sójovú omáčku, omáčku hoisin, zázvor, sezamový olej a biele korenie.

3. Na zber knedlíkov položte obaly na pracovnú dosku.

Do ohniska každého obalu naneste lyžicu 1 polievkovej lyžice kuracieho mäsa. Okraje obalov potrieme prstom vodou. Zmes pokrčte cez plnku tak, aby vznikol tvar polmesiaca, pričom okraje stláčajte, aby ste utesnili.

4. Zahrejte rastlinný olej v obrovskej panvici na strednom ohni.

Vložte nálepky na hrnce do samostatnej vrstvy a varte do brilantnej a sviežej farby, asi 2-3 minúty z každej strany.

5. Ihneď podávajte s horúcou omáčkou z duseného oleja.

# Cesnakové krevety s strúhaným karfiolom

# Porcie: 2

Čas varenia: 15 minút

# Ingrediencie:

Na prípravu kreviet

1 libra kreviet

2-3 lyžice cajunského korenia

Soľ

1 polievková lyžica masla/ghí

Na prípravu karfiolovej krupice

2 lyžice Ghee

12 uncí karfiolu

1 strúčik cesnaku

Soľ podľa chuti

## Inštrukcie:

1. Varte karfiol a cesnak v 8 unciach vody na strednom plameni, kým nezmäknú.

2. Rozmixujte jemný karfiol v kuchynskom robote s ghee. Vodu z pary pridávajte postupne, aby ste dosiahli správnu konzistenciu.

3. Krevety posypte 2 polievkovými lyžicami cajunského korenia a nechajte marinovať.

4. Vo veľkej panvici si vezmite 3 polievkové lyžice ghí a uvarte krevety na strednom plameni.

5. Umiestnite veľkú lyžicu karfiolovej krupice do misy s vyprážanými krevetami.

<u>Výživové informácie:</u>Kalórie 107 Sacharidy: 1 g Tuky: 3 g Bielkoviny: 20 g

## Porcie brokolica s tuniakom: 1

Čas varenia: 10 minút

## Ingrediencie:

1 lyžička. Extra panenský olivový olej

3 oz. Tuniak vo vode, najlepšie ľahký a hrubý, scedený 1 polievková lyžica. Vlašské orechy, nasekané nahrubo

2 šálky brokolice, nakrájanej nadrobno

½ lyžičky Pikantná omáčka

## Inštrukcie:

1. Začnite miešaním brokolice, korenia a tuniaka vo veľkej mise, kým sa dobre nespoja.

2. Potom zeleninu vložte do mikrovlnnej rúry na 3 minúty alebo kým nezmäkne

3. Potom do misy vmiešajte vlašské orechy a olivový olej a dobre premiešajte.

4. Podávajte a vychutnávajte.

<u>Výživové informácie:</u>Kalórie 259 kcal Bielkoviny: 27,1 g Sacharidy: 12,9 g Tuky: 12,4 g

# Maslová tekvicová polievka s krevetami Porcie: 4

Čas varenia: 20 minút

## Ingrediencie:

3 lyžice nesoleného masla

1 malá červená cibuľa, nakrájaná nadrobno

1 strúčik cesnaku, nakrájaný na plátky

1 lyžička kurkuma

1 lyžička soli

¼ lyžičky čerstvo mletého čierneho korenia

3 šálky zeleninového vývaru

2 šálky ošúpanej maslovej tekvice nakrájanej na ¼-palcové kocky 1 libra varených lúpaných kreviet, v prípade potreby rozmrazených 1 šálka nesladeného mandľového mlieka

¼ šálky strúhaných mandlí (voliteľné)

2 lyžice jemne nasekanej čerstvej petržlenovej vňate 2 lyžičky strúhanej alebo mletej citrónovej kôry

## Inštrukcie:

1. Vo veľkom hrnci na prudkom ohni rozpustíme maslo.

2. Pridajte cibuľu, cesnak, kurkumu, soľ a korenie a restujte, kým zelenina nie je mäkká a priehľadná, 5 až 7 minút.

3. Pridajte vývar a squash a varte.

4. Varte do 5 minút.

5. Pridajte krevety a mandľové mlieko a varte do zohriatia asi 2 minúty.

6. Posypte mandľami (ak používate), petržlenovou vňaťou a citrónovou kôrou a podávajte.

<u>Výživové informácie:</u>Kalórie 275 Celkový tuk: 12 g Celkové sacharidy: 12 g Cukor: 3 g Vláknina: 2 g Bielkoviny: 30 g Sodík: 1665 mg

## Chutné pečené guličky z moriek Počet porcií: 6

Čas varenia: 30 minút

## Ingrediencie:

1 libra mletého moriaka

½ šálky čerstvej strúhanky, bielej alebo celozrnnej pšenice ½ šálky parmezánu, čerstvo nastrúhaného

½ lyžice. bazalka, čerstvo nasekaná

½ lyžice. oregano, čerstvo nasekané

1 ks veľké vajce, rozšľahané

1 polievková lyžica. petržlen, čerstvo nasekaný

3 PL mlieka alebo vody

Štipka soli a korenia

Štipka čerstvo nastrúhaného muškátového orieška

## Inštrukcie:

1. Predhrejte rúru na 350 °F.

2. Dva plechy na pečenie vysteľte papierom na pečenie.

3. Zmiešajte všetky ingrediencie vo veľkej mise.

4. Zo zmesi vytvorte 1-palcové guľôčky a každú guľku vložte do pekáča.

5. Vložte panvicu do rúry.

6. Pečte 30 minút, alebo kým sa morka neprepečie a povrchy nezhnednú.

7. V polovici varenia mäsové guľky raz otočte.

Výživové informácie:Kalórie: 517 Kalorický tuk: 17,2 g Bielkoviny: 38,7 g Sacharidy: 52,7 g Vláknina: 1 g

## *Porcie čistej mušľovej polievky: 4*

Čas varenia: 15 minút

# Ingrediencie:

2 lyžice nesoleného masla

2 stredné mrkvy, nakrájané na ½-palcové kúsky

2 stonky zeleru, nakrájané na tenké plátky

1 malá červená cibuľa, nakrájaná na ¼-palcové kocky

2 strúčiky cesnaku, nakrájané na plátky

2 šálky zeleninového vývaru

1 (8 uncí) fľaša šťavy z mušlí

1 (10-uncová) plechovka mušlí

½ lyžičky sušeného tymiánu

½ lyžičky soli

¼ lyžičky čerstvo mletého čierneho korenia

## Inštrukcie:

1. Vo veľkom hrnci na prudkom ohni rozpustite maslo.

2. Pridajte mrkvu, zeler, cibuľu a cesnak a restujte, kým mierne nezmäknú 2 až 3 minúty.

3. Pridajte vývar a šťavu z mušlí a prevarte.

4. Dusíme a varíme, kým mrkva nezmäkne, 3 až 5 minút.

5. Vmiešajte mušle a ich šťavy, tymian, soľ a korenie, prehrejte 2 až 3 minúty a podávajte.

<u>Výživové informácie:</u>Kalórie 156 Celkový tuk: 7 g Celkové sacharidy: 7 g Cukor: 3 g Vláknina: 1 g Bielkoviny: 14 g Sodík: 981 mg

## Porcie s ryžou a kuracím mäsom: 4

Čas varenia: 25 minút

## Ingrediencie:

1 lb kuracie prsia z voľného chovu, vykostené, bez kože ¼ šálky hnedej ryže

¾ lb húb podľa výberu, nakrájané na plátky

1 pór, nakrájaný

¼ šálky mandlí, nasekaných

1 šálka vody

1 polievková lyžica olivový olej

1 šálka zelenej fazuľky

½ šálky jablčného octu

2 polievkové lyžice. univerzálna múka

1 šálka mlieka, s nízkym obsahom tuku

¼ šálky parmezánu, čerstvo nastrúhaného

¼ šálky kyslej smotany

Štipka morskej soli, v prípade potreby pridajte viac

mleté čierne korenie, podľa chuti

## Inštrukcie:

1. Hnedú ryžu nasypeme do hrnca. Pridajte do vody. Prikryjeme a privedieme do varu. Znížte teplotu a potom varte 30 minút alebo kým nie je ryža uvarená.

2. Medzitým na panvici pridajte kuracie prsia a nalejte len toľko vody, aby bola zakrytá – dochuťte soľou. Zmes povarte, potom znížte teplotu a nechajte 10 minút variť.

3. Kura naporcujeme. Odložte bokom.

4. Zohrejte olivový olej. Pór uvaríme do mäkka. Pridajte huby.

5. Do zmesi nalejte jablčný ocot. Zmes dusíme, kým sa ocot neodparí. Do panvice pridajte múku a mlieko.

Posypeme parmezánom a pridáme kyslú smotanu. Dochutíme čiernym korením.

6. Predhrejte rúru na 350 stupňov F. zapekaciu misu zľahka namažte olejom.

7. Do zapekacej misky rozložte uvarenú ryžu, potom na ňu nakrájané kuracie mäso a zelené fazuľky. Pridajte huby a pórovú omáčku.

Na vrch poukladáme mandle.

8. Pečieme do 20 minút alebo do zlatista. Pred podávaním nechajte vychladnúť.

<u>Výživové informácie:</u>Kalórie 401 Sacharidy: 54 g Tuky: 12 g Bielkoviny: 20 g

# Dusené krevety Jambalaya Jumble Porcie: 4

Čas varenia: 30 minút

## Ingrediencie:

10-oz. stredné krevety, olúpané

¼ šálky zeleru, nakrájanej ½ šálky cibule, nakrájanej

1 polievková lyžica. olej alebo maslo ¼ lyžičky cesnaku, mletého

¼ lyžičky cibuľovej soli alebo morskej soli

⅓ šálka paradajkovej omáčky ½ lyžičky údenej papriky

½ lyžičky Worcestershire omáčka

⅔-hrnček mrkvy, nakrájanej

1 ¼ šálky kuracie klobásy, predvarená a nakrájaná na kocky 2 šálky šošovice, namočená cez noc a predvarená 2 šálky okry, nasekaná

Štipka drvenej červenej papriky a čierneho korenia parmezán, nastrúhaný na polevu (voliteľné)Inštrukcie:

1. Krevety, zeler a cibuľu restujte s olejom na panvici umiestnenej na stredne vysokej teplote päť minút, alebo kým krevety nezružovejú.

2. Pridajte zvyšné ingrediencie a duste ďalších 10

minút, alebo kým zelenina nezmäkne.

3. Na podávanie rozdeľte zmes jambalaya rovnomerne do štyroch servírovacích misiek.

4. Ak chcete, pridajte korenie a syr.

<u>Výživové informácie:</u>Kalórie: 529 Tuky: 17,6 g Bielkoviny: 26,4 g Sacharidy: 98,4 g Vláknina: 32,3 g

# Kuracie chilli porcie: 6

Čas varenia: 1 hodina

## Ingrediencie:

1 žltá cibuľa, nakrájaná

2 lyžice olivového oleja

2 strúčiky cesnaku, mleté

1-libra kuracích pŕs bez kože, kostí a nakrájaná na kocky 1 zelená paprika, nasekaná

2 šálky kuracieho vývaru

1 lyžica kakaového prášku

2 lyžice čili prášku

1 lyžička údenej papriky

1 šálka konzervovaných paradajok, nasekaných

1 lyžica koriandra, nasekaného

Štipka soli a čierneho korenia

## *Inštrukcie:*

1. Hrniec s olejom rozohrejeme na strednom ohni, pridáme cibuľu a cesnak a restujeme 5 minút.

2. Pridajte mäso a opekajte ho ešte 5 minút.

3. Pridajte zvyšok prísad, premiešajte a varte na strednom ohni 40 minút.

4. Rozdeľte čili do misiek a podávajte na obed.

<u>Výživové informácie:</u>kalórií 300, tuk 2, vláknina 10, sacharidy 15, bielkoviny 11

# Porcie cesnakovo-šošovicovej polievky: 4

Čas varenia: 15 minút

## Ingrediencie:

2 lyžice extra panenského olivového oleja

2 stredné mrkvy, nakrájané na tenké plátky

1 malá biela cibuľa, nakrájaná na ¼-palcové kocky

2 strúčiky cesnaku, nakrájané na tenké plátky

1 lyžička mletej škorice

1 lyžička soli

¼ lyžičky čerstvo mletého čierneho korenia

3 šálky zeleninového vývaru

1 (15 uncí) plechovka šošovice, scedená a opláchnutá 1 polievková lyžica mletej alebo strúhanej pomarančovej kôry

¼ šálky nasekaných vlašských orechov (voliteľné)

2 polievkové lyžice jemne nasekanej čerstvej plochej petržlenovej vňateInštrukcie:

1. Vo veľkom hrnci zohrejte olej na vysokej teplote.

2. Vložte mrkvu, cibuľu a cesnak a duste, kým nezmäknú, 5 až 7 minút.

3. Pridajte škoricu, soľ a korenie a miešajte, aby sa zelenina obalila, rovnomerne 1 až 2 minúty.

4. Prilejeme vývar a prevaríme. Podusíme, potom vložíme šošovicu a varíme do 1 minúty.

5. Vmiešajte pomarančovú kôru a podávajte posypané vlašskými orechmi (ak používate) a petržlenovou vňaťou.

<u>Výživové informácie:</u>Kalórie 201 Celkový tuk: 8 g Celkové sacharidy: 22 g Cukor: 4 g Vláknina: 8 g Bielkoviny: 11 g Sodík: 1178 mg

# Chutná cuketa a kuracie mäso v klasickej Santa Fe praženica

Porcie: 2

Čas varenia: 15 minút

## Ingrediencie:

1 polievková lyžica. olivový olej

2 ks kuracie prsia, nakrájané na plátky

1 ks cibuľa, malá, nakrájaná na kocky

2 strúčiky cesnaku, mletá 1 ks cukety, ½ šálky mrkvy nakrájaná na kocky, nastrúhaná

1 ČL paprika, údená 1 ČL rasce, mletá

½ lyžičky čili prášku ¼ lyžičky morskej soli

2 polievkové lyžice. čerstvá limetková šťava

¼ šálky koriandra, čerstvo nasekaného

Hnedá ryža alebo quinoa pri podávaní

## *Inštrukcie:*

1. Kurča restujte na olivovom oleji asi 3 minúty, kým kura nezhnedne. Odložte bokom.

2. Použite rovnaký wok a pridajte cibuľu a cesnak.

3. Varíme, kým cibuľa nezmäkne.

4. Pridajte mrkvu a cuketu.

5. Zmes premiešajte a varte ešte asi minútu.

6. Do zmesi pridajte všetky koreniny a miešajte ďalšiu minútu.

7. Vráťte kurča do woku a nalejte limetkovú šťavu.

8. Miešajte, kým sa všetko neuvarí.

9. Pri podávaní položte zmes na uvarenú ryžu alebo quinou a navrch položte čerstvo nasekanú koriandrovú vňať.

<u>Výživové informácie:</u>Kalórie: 191 Tuk: 5,3 g Bielkoviny: 11,9 g Sacharidy: 26,3 g Vláknina: 2,5 g

# Tilapia Tacos s úžasným zázvorovo-sezamovým šalátom

Porcie: 4

Čas varenia: 5 hodín

## Ingrediencie:

1 ČL čerstvého zázvoru, strúhaného

Soľ a čerstvo nasekané čierne korenie podľa chuti 1 ČL stévie

1 polievková lyžica sójovej omáčky

1 lyžica olivového oleja

1 lyžica citrónovej šťavy

1 lyžica bieleho jogurtu

1½ lb filé z tilapie

1 šálka coleslaw mix

## Inštrukcie:

1. Zapnite instantný hrniec, pridajte doň všetky ingrediencie okrem filet z tilapie a coleslaw mixu a miešajte, kým sa dobre nespoja.

2. Potom pridajte filé, premiešajte, kým nie sú dobre pokryté, zatvorte vekom a stlačte

tlačidlo „pomalé varenie" a varte 5 hodín, pričom v polovici filé otočte.

3. Po dokončení preložíme filé do misky a necháme úplne vychladnúť.

4. Na prípravu jedla rozdeľte zmes kapustového šalátu medzi štyri vzduchotesné nádoby, pridajte tilapiu a nechajte v chladničke až tri dni.

5. Keď budete pripravení k jedlu, zohrejte tilapiu v mikrovlnnej rúre, kým nebude horúca a potom podávajte s kapustovým šalátom.

Výživové informácie:Kalórie 278, celkový tuk 7,4 g, celkový obsah sacharidov 18,6 g, bielkoviny 35,9 g, cukor 1,2 g, vláknina 8,2 g, sodík 194 mg

## Porcie šošovicového kari: 4

Čas varenia: 15 minút

## Ingrediencie:

1 polievková lyžica olivového oleja

1 cibuľa, nakrájaná

2 strúčiky cesnaku, mleté

1 polievková lyžica organického kari korenia

4 šálky organického zeleninového vývaru s nízkym obsahom sodíka 1 šálka červenej šošovice

2 šálky maslovej tekvice, varené

1 šálka kelu

1 lyžička kurkumy

Morská soľ podľa chuti

## Inštrukcie:

1. Vo veľkom hrnci na strednom ohni orestujte olivový olej s cibuľou a cesnakom, pridajte. Restujeme 3 minúty.

2. Pridajte organické kari korenie, zeleninový vývar a šošovicu a priveďte do varu – varte 10 minút.

3. Vmiešame uvarenú maslovú tekvicu a kel.

4. Pridajte kurkumu a morskú soľ podľa chuti.

5. Podávajte teplé.

<u>Výživové informácie:</u>Celkový obsah sacharidov 41 g Vláknina z potravy: 13 g Bielkoviny: 16 g Celkový obsah tukov: 4 g Kalórie: 252

# Kapustový Caesar šalát s grilovaným kuracím zábalom Porcie: 2

Čas varenia: 20 minút

## Ingrediencie:

6 šálok kučeravého kelu nakrájaného na malé kúsky ½ vajca; varené

8 uncí grilovaného kuracieho mäsa, nakrájaného na tenké plátky

½ lyžičky dijonskej horčice

¾ šálky parmezánu, jemne nastrúhaného

Mleté čierne korenie

košér soľ

1 strúčik cesnaku, mletý

1 šálka cherry paradajok nakrájaných na štvrtiny

1/8 šálky citrónovej šťavy, čerstvo vylisovanej

2 veľké tortilly alebo dva lavashové placky

1 lyžička agáve alebo medu

1/8 šálky olivového oleja

## Inštrukcie:

1. Vo veľkej mise zmiešajte polovicu vajca s horčicou, mletým cesnakom, medom, olivovým olejom a citrónovou šťavou. Šľahajte, kým nedosiahnete konzistenciu dresingu. Dochutíme korením a soľou podľa chuti.

2. Pridajte cherry paradajky, kuracie mäso a kel; jemne poprehadzujte, kým nebude pekne potiahnutý dresingom, a potom pridajte ¼ šálky parmezánu.

3. Rozložte placky a rovnomerne rozložte pripravený šalát na vrch zábalov; každý posypte približne ¼ šálky parmezánu.

4. Zábaly zrolujte a nakrájajte na polovicu. Podávajte ihneď a vychutnajte si.

<u>Výživové informácie:</u>kcal 511 Tuky: 29 g Vláknina: 2,8 g Bielkoviny: 50 g

# Porcie fazuľového špenátového šalátu: 1

Čas varenia: 5 minút

## Ingrediencie:

1 šálka čerstvého špenátu

¼ šálky konzervovanej čiernej fazule

½ šálky konzervovanej fazule garbanzo

½ šálky krémových húb

2 polievkové lyžice bio balzamikového vinaigrette 1 polievková lyžica olivového oleja

## Inštrukcie:

1. Krémové huby varte s olivovým olejom na miernom, strednom ohni 5 minút, kým jemne nezhnednú.

2. Šalát zostavte tak, že na tanier pridáte čerstvý špenát a doplníte fazuľou, šampiňónmi a balzamikovým vinaigrettom.

Výživové informácie:Celkový obsah sacharidov 26 g Vláknina: 8 g Bielkoviny: 9 g Celkový obsah tukov: 15 g Kalórie: 274

# *Porcie z lososa s vlašskými orechmi a rozmarínom: 6*

Čas varenia: 20 minút

# Ingrediencie:

1 Nasekajte strúčik cesnaku

1 lyžica dijonskej horčice

¼ lyžičky citrónovej kôry

1 lyžica citrónovej šťavy

1 lyžica čerstvého rozmarínu

1/2 lyžice medu

Olivový olej

Čerstvá petržlenová vňať

3 lyžice nasekaných vlašských orechov

1 libra lososa bez kože

1 polievková lyžica čerstvej drvenej červenej papriky

Soľ korenie

Plátky citrónu na ozdobu

3 lyžice Panko strúhanky

1 polievková lyžica extra panenského olivového oleja

## *Inštrukcie:*

1. Plech rozložíme do rúry a predhrejeme na 240C.

2. V miske zmiešame horčičnú pastu, cesnak, soľ, olivový olej, med, citrónovú šťavu, drvenú červenú papriku, rozmarín, hnisový med.

3. Spojte panko, vlašské orechy a olej a na plech rozložte tenký plátok ryby. Na obe strany ryby rovnomerne nastriekajte olivový olej.

4. Na lososa položte orechovú zmes s horčicovou zmesou.

5. Lososa pečieme takmer 12 minút. Ozdobte ho čerstvou petržlenovou vňaťou a kolieskami citróna a podávajte horúce.

<u>Výživové informácie:</u>Kalórie 227 Sacharidy: 0 g Tuky: 12 g Bielkoviny: 29 g

## *Pečené sladké zemiaky s červenou omáčkou Tahini Porcie: 4*

Čas varenia: 30 minút

## Ingrediencie:

15 uncí konzervovaný cícer

4 Stredne veľké sladké zemiaky

½ lyžice olivového oleja

1 štipka soli

1 lyžica limetkovej šťavy

1/2 lyžičky rasce, koriandra a papriky na cesnakovo bylinkovú omáčku

¼ šálky tahini omáčky

½ lyžice limetkovej šťavy

3 strúčiky cesnaku

Soľ podľa chuti

## Inštrukcie:

1. Rúru predhrejeme na 204°C. Vložte cícer do soli, korenia a olivového oleja. Rozložte ich na fóliu.

2. Batátové tenké kolieska potrieme olejom a poukladáme na marinovanú fazuľu a upečieme.

3. Na omáčku zmiešajte v miske všetky fixácie. Pridajte do nej trochu vody, ale nechajte hustú.

4. Batáty vyberte z rúry po 25 minútach.

5. Tento pečený batátový cícerový šalát ozdobte horúcou cesnakovou omáčkou.

Výživové informácie:Kalórie 90 Sacharidy: 20 g Tuky: 0 g Bielkoviny: 2 g

# *Talianska letná squashová polievka Porcie: 4*

Čas varenia: 15 minút

# *Ingrediencie:*

3 lyžice extra panenského olivového oleja

1 malá červená cibuľa, nakrájaná na tenké plátky

1 strúčik cesnaku, mletý

1 šálka strúhanej cukety

1 šálka strúhanej žltej tekvice

½ šálky strúhanej mrkvy

3 šálky zeleninového vývaru

1 lyžička soli

2 polievkové lyžice jemne nasekanej čerstvej bazalky

1 polievková lyžica nadrobno nasekanej čerstvej pažítky

2 lyžice píniových orieškov

## Inštrukcie:

1. Vo veľkom hrnci zohrejte olej na vysokej teplote.

2. Vložte cibuľu a cesnak a duste, kým nezmäknú, 5 až 7 minút.

3. Pridajte cuketu, žltú tekvicu a mrkvu a restujte, kým nezmäknú, 1 až 2 minúty.

4. Pridajte vývar a soľ a prevarte. Varte do 1 až 2 minút.

5. Primiešame bazalku a pažítku a podávame posypané píniovými oriešakmi.

<u>Výživové informácie:</u>Kalórie 172 Celkový tuk: 15 g Celkové sacharidy: 6 g Cukor: 3 g Vláknina: 2 g Bielkoviny: 5 g Sodík: 1170 mg

## *Porcie polievky so šafranom a lososom: 4*

Čas varenia: 20 minút

## Ingrediencie:

¼ šálky extra panenského olivového oleja

2 póry, iba biele časti, nakrájané na tenké plátky

2 stredné mrkvy, nakrájané na tenké plátky

2 strúčiky cesnaku, nakrájané na tenké plátky

4 šálky zeleninového vývaru

1-libra filety lososa bez kože, nakrájané na 1-palcové kúsky 1 lyžička soli

¼ lyžičky čerstvo mletého čierneho korenia

¼ lyžičky šafranových nití

2 šálky baby špenátu

½ šálky suchého bieleho vína

2 lyžice nasekanej cibuľovej vňate, bielej aj zelenej časti 2 lyžice nadrobno nasekanej čerstvej petržlenovej vňateInštrukcie:

1. Vo veľkom hrnci rozohrejte olej.

2. Pridajte pór, mrkvu a cesnak a restujte, kým nezmäknú, 5 až 7 minút.

3. Prilejeme vývar a prevaríme.

4. Podusíme a pridáme lososa, soľ, korenie a šafran. Varte, kým sa losos neprepečie, asi 8 minút.

5. Pridajte špenát, víno, cibuľku a petržlenovú vňať a varte, kým špenát nezvädne, 1 až 2 minúty, a podávajte.

<u>Výživové informácie:</u>Kalórie 418 Celkový tuk: 26 g Celkové sacharidy: 13 g Cukor: 4 g Vláknina: 2 g Bielkoviny: 29 g Sodík: 1455 mg

# Thajská horúca a kyslá polievka s krevetami a hubami

Porcie: 6

Čas varenia: 38 minút

## Ingrediencie:

3 lyžice nesoleného masla

1 lb krevety, olúpané a zbavené

2 ČL mletého cesnaku

1-palcový kúsok koreňa zázvoru, olúpaný

1 stredná cibuľa, nakrájaná na kocky

1 červené thajské čili, nasekané

1 stonka citrónovej trávy

½ ČL čerstvej limetkovej kôry

Soľ a čerstvo nasekané čierne korenie, podľa chuti 5 šálok kuracieho vývaru

1 lyžica kokosového oleja

½ lb cremini huby, nakrájané na mesiačiky

1 malá zelená cuketa

2 lyžice čerstvej limetkovej šťavy

2 lyžice rybacej omáčky

¼ zväzku čerstvej thajskej bazalky, nasekanej

¼ zväzku čerstvého koriandra, nasekaného

## *Inštrukcie:*

1. Vezmite veľký hrniec, postavte ho na strednú teplotu, pridajte maslo a keď sa roztopí, pridajte krevety, cesnak, zázvor, cibuľu, čili, citrónovú trávu a limetkovú kôru, dochuťte soľou a čiernym korením a povarte 3 minúty.

2. Zalejeme vývarom, dusíme 30 minút a potom precedíme.

3. Veľkú panvicu rozohrejte na strednom ohni, pridajte olej a keď je horúci, pridajte huby a cuketu, dochuťte soľou a čiernym korením a povarte 3 minúty.

4. Do panvice pridajte zmes kreviet, 2 minúty poduste, pokvapkajte limetkovou šťavou a rybou omáčkou a 1 minútu varte.

5. Ochutnajte, aby ste okorenili, potom panvicu odstavte z ohňa, ozdobte koriandrom a bazalkou a podávajte.

Výživové informácie:Kalórie 223, celkový tuk 10,2 g, celkové sacharidy 8,7 g, bielkoviny 23 g, cukor 3,6 g, sodík 1128 mg

## Orzo so sušenými paradajkami Ingrediencie:

1 lb vykostené kuracie prsia bez kože, nakrájané na 3/4-palcové kúsky

1 ČL + 1 ČL olivového oleja

Soľ a nahrubo mleté tmavé korenie

2 strúčiky cesnaku, mleté

1/4 šálky (8 oz) suchých cestovín orzo

2 3/4 šálky kuracieho vývaru s nízkym obsahom sodíka, v tom momente viac variácie (nepoužívajte bežné šťavy, budú príliš slané) 1/3 šálky častí sušených paradajok plnených v oleji s bylinkami (asi 12 dielov. Vytraste časť hojného oleja), jemne nasekaná v procesore výživy

1/2 - 3/4 šálky jemne rozdrveného parmezánového čedaru, podľa chuti 1/3 šálky štiepanej chrumkavej bazalky

## Inštrukcie:

1. Zahrejte 1 ČL olivového oleja v nádobe na stredne vysokej teplote.

2. Akonáhle sa leskne, pridajte kuracie mäso, jemne dochuťte soľou a korením a varte, kým nebude brilantné, asi 3 minúty potom otočte na obrátené strany a varte do žiarivej tmavej farby a prepečené, asi 3 minúty. Presuňte kurča na tanier, potiahnite fóliou, aby zostalo teplé.

3. Zahrňte 1 ČL olivového oleja na opečenie, v tomto bode pridajte cesnak a restujte 20 sekúnd, alebo len tak dlho, kým nebude jemne brilantné, v tom momente nalejte kuracie džúsy, zatiaľ čo zo základne panvice zoškrabujte uvarené kúsky.

4. Zahrejte vývar do bodu varu v tomto bode vrátane orzo cestovín, znížte teplo na stredne rozloženú panvicu s pokrievkou a nechajte jemne prebublávať 5 minút v tomto bode odkryte, premiešajte a pokračujte v prebublávaní, kým orzo nie je jemné, asi 5 minút dlhšie, občas premiešané (nestresujte sa, ak je tam ešte trochu šťavy, dodá to štipľavosť).

5. Keď sa cestoviny uvaria, prihoďte kura s orzom, vytlačte ho z tepla. Pridajte parmezán čedar a miešajte, kým sa nerozpustí, potom pridajte sušené paradajky, bazalku a okoreňte

s korením (nemusíte vyžadovať žiadnu soľ, ale pridajte trochu v prípade, že by ste si mysleli, že to potrebuje).

6. Podľa potreby pridajte viac štiav na zriedenie (keď cestoviny odpočívajú, absorbujú veľa tekutín a ja som si ich užil s trochou nadbytku, takže som ich pridal o niečo viac). Podávajte teplé.

## Porcie hubovej a repnej polievky: 4

Čas varenia: 40 minút

## Ingrediencie:

2 lyžice olivového oleja

1 žltá cibuľa, nakrájaná

2 repy, olúpané a nakrájané na veľké kocky

1-libra bielych húb, nakrájaných na plátky

2 strúčiky cesnaku, mleté

1 lyžica paradajkovej pasty

5 šálok zeleninového vývaru

1 lyžica petržlenovej vňate, nasekanej

## Inštrukcie:

1. Hrniec s olejom rozohrejeme na strednom ohni, pridáme cibuľu a cesnak a restujeme 5 minút.

2. Pridajte huby, premiešajte a duste ďalších 5 minút.

3. Pridajte cviklu a ostatné ingrediencie, priveďte do varu a varte na miernom ohni ďalších 30 minút, občas premiešajte.

4. Polievku nalejte do misiek a podávajte.

Výživové informácie:kalórií 300, tuk 5, vláknina 9, sacharidy 8, bielkoviny 7

## Ingrediencie na kuracie parmezánové guľky:

2 libry mletého kuracieho mäsa

3/4 šálky panko strúhanky bezlepkové panko bude fungovať 1/4 šálky jemne nasekanej cibule

2 lyžice mletej petržlenovej vňate

2 strúčiky cesnaku nasekané

1 malý citrón okolo 1 lyžičky 2 vajcia

3/4 šálky zničeného Pecorino Romano alebo parmezánového čedaru 1 lyžička pravej soli

1/2 lyžičky chrumkavo mletého tmavého korenia

1 liter omáčky Five Minute Marinara

4-6 uncí mozzarelly nakrájanej na chrumkavo

## Inštrukcie:

1. Predhrejte sporák na 400 stupňov, pričom rošt umiestnite do hornej tretiny brojlera. V obrovskej miske spojte všetko okrem marinády a mozzarelly. Jemne kombinujte pomocou rúk alebo obrovskej lyžice. Naberajte a tvarujte malé mäsové guľky a umiestňujte ich na vyhrievaciu dosku vystlanú fóliou. Umiestnite mäsové guľky na tanier skutočne blízko

seba, aby sa zmestili. Na každú mäsovú guľku nalejte asi pol polievkovej lyžice omáčky. Zahrievajte 15 minút.

2. Vytiahnite mäsové guľky zo sporáka a zvýšte teplotu brojlera na varenie. Na každú mäsovú guľku nalejte ďalšiu pol polievkovú lyžicu omáčky a navrch pridajte malý štvorček mozzarelly. (Mierne rezy som nakrájal na kúsky približne 1" štvorec.) Grilujte ďalšie 3 minúty, kým čedar nezmäkne a nezožiari sa. Podávajte s extra omáčkou. Oceňujem!

## *Zloženie mäsových guľôčok Alla Parmigiana:*

Na mäsové guľky

1,5 libry mletý hamburger (80/20)

2 PL chrumkavej petržlenovej vňate, nasekanej

3/4 šálky mletého parmezánu čedaru

1/2 šálky mandľovej múky

2 vajcia

1 ČL fit soli

1/4 ČL mletého tmavého korenia

1/4 ČL cesnakového prášku

1 lyžička sušených cibuľových kvapiek

1/4 ČL sušeného oregana

1/2 šálky teplej vody

Pre Parmigianu

1 šálka jednoduchej omáčky keto marinara (alebo akejkoľvek lokálne získanej marinary bez cukru)

4 oz mozzarella čedar

## Inštrukcie:

1. Spojte celé upevnenie mäsových guľôčok vo veľkej mise a dobre premiešajte.

2. Štruktúrujte pätnásť 2" mäsových guľôčok.

3. Pripravte pri 350 stupňoch (F) po dobu 20 minút ALEBO vyprážajte na obrovskej panvici na strednej teplote, kým nie sú uvarené. Ace tip – v prípade, že nejaký máte, skúste ho opražiť na slaninovom oleji – obsahuje iný stupeň chuti. Fricasseeing vytvára brilantné tmavé farebné tieňovanie ako na fotografiách vyššie.

4. Pre Parmigianu:

5. Uvarené mäsové guľky vložte do misky vhodnej na sporák.

6. Na každú mäsovú guľku nalejte približne 1 PL omáčky.

7. Každý potrieme približne 1/4 oz mozzarelly čedar.

8. Pripravte pri 350 stupňoch (F) po dobu 20 minút (40 minút, ak sú mäsové guľky stuhnuté) alebo kým sa nezohreje a čedar nebude brilantný.

9. Ozdoba novou petržlenovou vňaťou kedykoľvek sa chce.

# Plech Pan Morčacie prsia so zlatou zeleninou

Porcie: 4

Čas varenia: 45 minút

## Ingrediencie:

2 polievkové lyžice nesoleného masla, pri izbovej teplote 1 stredná tekvica zo žaluďa zbavená semienok a nakrájaná na tenké plátky 2 veľké zlaté repy, olúpané a nakrájané na tenké plátky ½ stredne žltej cibule, nakrájané na tenké plátky

½ vykostených morčacích prs s kožou (1 až 2 libry) 2 polievkové lyžice medu

1 lyžička soli

1 lyžička kurkuma

¼ lyžičky čerstvo mletého čierneho korenia

1 šálka kuracieho vývaru alebo zeleninového vývaru

## Inštrukcie:

1. Predhrejte rúru na 400°F. Plech na pečenie vymastíme maslom.

2. Na plech pouklaďajte tekvicu, cviklu a cibuľu v jednej vrstve. Morčacie mäso položte kožou nahor. Pokvapkáme medom.

Dochutíme soľou, kurkumou, korením a pridáme vývar.

3. Pečte, kým morka nezaznamená 165 °F v strede pomocou teplomera s okamžitým odčítaním, 35 až 45 minút. Odstráňte a nechajte 5 minút odpočívať.

4. Nakrájajte a podávajte.

<u>Výživové informácie:</u>Kalórie 383 Celkový tuk: 15 g Celkové sacharidy: 25 g Cukor: 13 g Vláknina: 3 g Bielkoviny: 37 g Sodík: 748 mg

# Kokosovo zelené kari s uvarenou ryžou Porcie: 8

Čas varenia: 20 minút

## Ingrediencie:

2 lyžice olivového oleja

12 uncí tofu

2 stredné sladké zemiaky (nakrájané na kocky)

Soľ podľa chuti

314 uncí kokosového mlieka

4 lyžice zelenej kari pasty

3 šálky brokolicových ružičiek

## Inštrukcie:

1. Tofu zbavíme prebytočnej vody a opečieme na strednom plameni. Pridajte soľ a smažte ju 12 minút.

2. Kokosové mlieko, zelenú kari pastu a sladké zemiaky uvarte na miernom ohni a 5 minút poduste.

3. Teraz do nej pridajte brokolicu a tofu a varte takmer 5 minút, kým sa farba brokolice nezmení.

4. Podávajte tento kokos a zelené kari s hrsťou uvarenej ryže a množstvom hrozienok navrchu.

<u>Výživové informácie:</u>Kalórie 170 Sacharidy: 34 g Tuky: 2 g Bielkoviny: 3 g

## *Sladká zemiakovo-kuracia polievka so šošovicou Porcie: 6*

Čas varenia: 35 minút

## Ingrediencie:

10 stoniek zeleru

1 Domáce varené alebo grilované kurča

2 stredné sladké zemiaky

5 uncí francúzskej šošovice

2 lyžice čerstvej limetkovej šťavy

½ hlavy escarole veľkosti sústa

6 strúčikov cesnaku nakrájaných na tenké plátky

½ šálky kôpru (jemne nasekaný)

1 polievková lyžica kóšer soli

2 PL extra panenského oleja

## Inštrukcie:

1. Pridajte soľ, kurací trup, šošovicu a sladké zemiaky do 8 uncí vody a varte na vysokom plameni.

2. Varte tieto položky takmer 10-12 minút a odstráňte z nich všetku penu.

3. Cesnak a zeler varte na oleji takmer 10 minút, kým nezmäknú

& svetlo hnedá, potom do nej pridajte nastrúhané pečené kura.

4. Pridajte túto zmes do escarole polievky a nepretržite miešajte 5

minút na strednom ohni.

5. Pridáme citrónovú šťavu a vmiešame kôpor. Podávajte horúcu polievku so soľou.

Výživové informácie:Kalórie 310 Sacharidy: 45 g Tuky: 11 g Bielkoviny: 13 g

## *Ingrediencie na mäsové guľôčky Taco Bowls:*

Mäsové guľky:

1 libra chudého mletého hovädzieho mäsa (pod akékoľvek mleté mäso ako bravčové, morčacie alebo kuracie)

1 vajce

1/4 šálky jemne nasekaného kelu alebo chrumkavých byliniek, ako je petržlen alebo koriandr (podľa vlastného uváženia)

1 ČL Soľ

1/2 ČL čierneho korenia

Taco Bowls

2 šálky omáčky Enchilada (používame na mieru) 16 mäsových guľôčok (fixácie zaznamenané predtým)

2 šálky varenej ryže, bielej alebo tmavej farby

1 Avokádo, nakrájame

1 šálka lokálne získanej salsy alebo Pico de Gallo 1 šálka strúhaného syra

1 Jalapeno, jemne narezané (podľa vlastného uváženia)

1 ČL koriandra, štiepaného

1 Limetka, nakrájaná na mesiačiky

Tortilla Chips, na servírovanie

## *Inštrukcie:*

1. Vytvoriť/zmraziť

2. V obrovskej miske spojte mleté mäso, vajcia, kel (ak používate), soľ a korenie. Miešajte rukami, kým sa rovnomerne nespevní.

Rozdeľte na 16 mäsových guľôčok s priemerom približne 1 palec a položte na plech pripevnený fóliou.

3. V prípade, že spotrebujete v priebehu niekoľkých dní, uchovávajte v chladničke maximálne 2 dni.

4. V prípade, že dôjde k zmrazeniu, vložte fóliu do chladničky, kým mäsové guľky nezostanú pevné. Presuňte sa do chladnejšieho vrecka. Mäsové guľky vydržia v chladničke 3 až 4 mesiace.

5. Na varenie

6. V strednom hrnci priveďte omáčku enchilada na nízke dusenie. Zahrňte mäsové guľky (žiadny presvedčivý dôvod na rozmrazovanie, ak boli mäsové guľky

stuhnuté). Mäsové guľky dusíme, kým nie sú uvarené, 12 minút za predpokladu, že sú chrumkavé a 20 minút, kedykoľvek stuhnú.

7. Kým sa mäsové guľky dusia, pripravte si rôzne fixácie.

8. Zhromaždite taco misky ozdobením ryže s mäsovými guľkami a omáčkou, nakrájaným avokádom, salsou, čedarom, rezmi jalapeño a koriandrom. Podávame s plátkami limetky a tortillovými lupienkami.

# Avokádové pesto Zoodles s lososovými porciami: 4

Čas varenia: 25 minút

## Ingrediencie:

1 lyžica pesta

1 citrón

2 mrazené/čerstvé steaky z lososa

1 veľká cuketa, špirálovitá

1 lyžica čierneho korenia

1 avokádo

1/4 šálky parmezánu, strúhaný

talianske korenie

## Inštrukcie:

1. Predhrejte rúru na 375 F. Ochuťte lososa talianskym korením, soľou a korením a pečte 20 minút.

2. Do misky pridajte avokádo spolu s lyžicou korenia, citrónovou šťavou a lyžicou pesta. Avokádo roztlačíme a necháme bokom.

3. Pridajte cuketové rezance na servírovací tanier, potom avokádovú zmes a lososa.

4. Posypeme syrom. V prípade potreby pridajte ďalšie pesto. Užite si to!

Výživové informácie:128 kalórií 9,9 g tuku 9 g celkovo sacharidov 4 g bielkovín

# Kurkumou okorenené sladké zemiaky, jablko a cibuľa s kuracím mäsom

Porcie: 4

Čas varenia: 45 minút

## Ingrediencie:

2 lyžice nesoleného masla, pri izbovej teplote 2 stredné sladké zemiaky

1 veľké jablko Granny Smith

1 stredná cibuľa, nakrájaná na tenké plátky

4 kuracie prsia s kosťou a kožou

1 lyžička soli

1 lyžička kurkuma

1 lyžička sušenej šalvie

¼ lyžičky čerstvo mletého čierneho korenia

1 šálka jablčného muštu, bieleho vína alebo kuracieho vývaru<ins>Inštrukcie:</ins>

1. Predhrejte rúru na 400°F. Plech na pečenie vymastíme maslom.

2. Na plech poukladajte batáty, jablko a cibuľu v jednej vrstve.

3. Kuracie mäso položíme kožou nahor a ochutíme soľou, kurkumou, šalviou a korením. Pridajte cider.

4. Pečieme do 35 až 40 minút. Vyberte, nechajte 5 minút odpočívať a podávajte.

Výživové informácie: Kalórie 386 Celkový tuk: 12 g Celkové sacharidy: 26 g Cukor: 10 g Vláknina: 4 g Bielkoviny: 44 g Sodík: 932 mg

## Pečený bylinkový steak z lososa Porcie: 4

Čas varenia: 5 minút

## Ingrediencie:

1 lb steak z lososa, opláchnutý 1/8 ČL kajenského korenia 1 ČL čili prášku

½ lyžičky rasce

2 strúčiky cesnaku, mleté

1 lyžica olivového oleja

¾ lyžičky soli

1 ČL čerstvo mletého čierneho korenia

## Inštrukcie:

1. Predhrejte rúru na 350 stupňov F.

2. V miske zmiešajte kajenské korenie, čili prášok, rascu, soľ a čierne korenie. Odložte bokom.

3. Steak z lososa pokvapkáme olivovým olejom. Potrieme z oboch strán. Cesnak a pripravenú zmes korenia potrieme. Nechajte 10 minút odležať.

4. Po prepojení chutí pripravte panvicu vhodnú do rúry.

Zahrejte olivový olej. Po zahriatí lososa 4 minúty okoreníme z oboch strán.

5. Presuňte panvicu do rúry. Pečieme 10 minút. Podávajte.

<u>Výživové informácie:</u>Kalórie 210 Sacharidy: 0 g Tuky: 14 g Bielkoviny: 19 g

## Porcie tofu a talianskej letnej zeleniny: 4

Čas varenia: 20 minút

## Ingrediencie:

2 veľké cukety, nakrájané na ¼-palcové plátky

2 veľké letné tekvice nakrájané na ¼-palcové plátky 1-libra pevného tofu nakrájané na 1-palcové kocky

1 šálka zeleninového vývaru alebo vody

3 lyžice extra panenského olivového oleja

2 strúčiky cesnaku, nakrájané na plátky

1 lyžička soli

1 čajová lyžička zmesi talianskych byliniek

¼ lyžičky čerstvo mletého čierneho korenia

1 polievková lyžica čerstvej bazalky nakrájanej na tenké plátky

## Inštrukcie:

1. Predhrejte rúru na 400°F.

2. Zmiešajte cuketu, tekvicu, tofu, vývar, olej, cesnak, soľ, zmes talianskych byliniek a korenie na veľkom plechu na pečenie a dobre premiešajte.

3. Opečieme do 20 minút.

4. Posypeme bazalkou a podávame.

<u>Výživové informácie:</u>Kalórie 213 Celkový tuk: 16 g Celkové sacharidy: 9 g Cukor: 4 g Vláknina: 3 g Bielkoviny: 13 g Sodík: 806 mg

## Ingrediencie na šalát s jahodami a kozím syrom:

1-libra chrumkavých jahôd nakrájaných na kocky

Podľa vlastného uváženia: 1 až 2 čajové lyžičky nektáru alebo javorového sirupu, podľa chuti 2 unce rozdrveného kozieho čedaru (asi ½ šálky) ¼ šálky štiepanej chrumkavej bazalky, navyše k pár lístkom bazalky na ozdobenie

1 polievková lyžica extra panenského olivového oleja

1 lyžica hustého balzamikového octu*

½ lyžičky vločkovej morskej soli Maldon alebo neadekvátna ¼ lyžička jemnej morskej soli

Tmavé mleté korenie

## Inštrukcie:

1. Nakrájané jahody rozložte na stredný servírovací tanier alebo plytkú servírovaciu misu. V prípade, že jahody nie sú dostatočne sladké presne tak, ako by ste chceli, zalejte ich kvapkou nektáru alebo javorového sirupu.

2. Na jahody posypeme rozdrobeným kozím čedarom, na ktorom je nasekaná bazalka. Osprchujte olivový olej a balzamikový ocot.

3. Vyleštite tanier so zmiešanou zeleninou so soľou, niekoľkými kúskami chrumkavo mletého tmavého korenia a uloženými lístkami bazalky. Pre najlepší úvod rýchlo podávajte tanier zmiešanej zeleniny.

Odrezky však vydržia dobre v chladničke asi 3 dni.

# Porcie karfiolu a tresky z kurkumy: 4

Čas varenia: 30 minút

## Ingrediencie:

½ kila ružičiek karfiolu

1-libra filety z tresky, vykostené, bez kože a nakrájané na kocky 1 polievková lyžica olivového oleja

1 žltá cibuľa, nakrájaná

½ lyžičky rascových semien

1 zelené čili, nasekané

¼ lyžičky kurkumového prášku

2 nakrájané paradajky

Štipka soli a čierneho korenia

½ šálky kuracieho vývaru

1 lyžica koriandra, nasekaného

## *Inštrukcie:*

1. Zohrejte hrniec s olejom na strednom ohni, pridajte cibuľu, čili, rascu a kurkumu, premiešajte a varte 5 minút.

2. Pridajte karfiol, rybu a ostatné ingrediencie, premiešajte, priveďte do varu a varte na miernom ohni ďalších 25 minút.

3. Prívarok rozdelíme do misiek a podávame.

<u>Výživové informácie:</u>kalórií 281, tuk 6, vláknina 4, sacharidy 8, bielkoviny 12

## Porcie vlašských orechov a špargle: 4

Čas varenia: 5 minút

## Ingrediencie:

1 a ½ lyžice olivového oleja

¾ libry špargle, orezaná

¼ šálky vlašských orechov, nasekaných

Slnečnicové semienka a korenie podľa chuti

## Inštrukcie:

1. Postavte panvicu na strednú teplotu, pridajte olivový olej a nechajte ho rozohriať.

2. Pridajte špargľu, restujte 5 minút, kým nezhnedne.

3. Dochutíme slnečnicovými semienkami a korením.

4. Odstráňte teplo.

5. Pridajte vlašské orechy a premiešajte.

Výživové informácie:Kalórie: 124 Tuky: 12 g Sacharidy: 2 g Bielkoviny: 3 g

## *Ingrediencie na cestoviny Alfredo Cuketa:*

2 stredne špirálovité cukety

1-2 TB vegánskeho parmezánu (nepovinné)

Rýchla omáčka Alfredo

1/2 šálky surových kešu oriešok namočených na pár hodín alebo v bublajúcej vode na 10 minút

2 TB citrónovej šťavy

3 TB výživné droždie

2 ČL biele miso (môžete sub tamari, sójovú omáčku alebo kokosové aminokyseliny)

1 ČL cibuľového prášku

1/2 ČL cesnakového prášku

1/4-1/2 šálky vody

## *Inštrukcie:*

1. Špiralizujeme cuketové rezance.

2. Pridajte všetky alfredo fixácie do rýchleho mixéra (začnite s 1/4 šálky vody) a rozmixujte do hladka. V prípade, že je vaša omáčka príliš hustá,

pridajte viac vody jednu polievkovú lyžicu naraz, kým nedosiahnete konzistenciu, ktorú hľadáte.

3. Cuketové rezance s omáčkou alfredo a ak by ste chceli, nejaký vegetariánsky kočík.

## Quinoa Morčacie kura Ingrediencie:

1 šálka quinoa, prepláchnutá

3-1/2 šálky vody, izolované

1/2-libra chudá mletá morka

1 obrovská sladká cibuľa, nakrájaná

1 stredne sladká červená paprika, nakrájaná

4 strúčiky cesnaku, mleté

1 lyžica fazuľového duseného prášku

1 lyžica mletého kmínu

1/2 lyžičky mletej škorice

2 poháre (každá 15 uncí) tmavej fazule, prepláchnutej a ochudobnenej 1 plechovka (28 uncí) drvených paradajok

1 stredná cuketa, nakrájaná

1 chipotle paprika v adobo omáčke, nakrájaná

1 lyžica adobo omáčky

1 zužuje list

1 čajová lyžička sušeného oregana

1/2 lyžičky soli

1/4 lyžičky papriky

1 šálka stuhnutej kukurice, rozmrazená

1/4 šálky mletého chrumkavého koriandra

Voliteľné ozdoby: avokádo nakrájané na kocky, zničený čedar Monterey Jack

## Inštrukcie:

1. V obrovskej panvici zohrejte quinou a 2 šálky vody až do varu. Znížte teplo; rozotrieme a dusíme 12-15 minút alebo kým sa nezadrží voda. Vyhnať z tepla; rozjasnite vidličkou a položte na bezpečné miesto.

2. Potom v obrovskej panvici pokrytej varnou sprchou opečte na miernom ohni morku, cibuľu, červenú papriku a cesnak, kým mäso už nikdy nebude ružové a zelenina jemná; kanál. Zmiešajte fazuľový dusený prášok, rascu a škoricu; varíme o 2 minúty dlhšie.

Kedykoľvek budete chcieť, prezentujte s ľubovoľnými ozdobami.

3. Pridajte tmavú fazuľu, paradajky, cuketu, chipotle korenie, adobo omáčku, zdravý list, oregano, soľ, korenie a zvyšnú vodu.

Zahrejte do bodu varu. Znížte teplo; natrieme a podusíme 30

minút. Zmiešajte kukuricu a quinou; teplo cez. Zlikvidujte listy zužuje; vmiešame koriandr. Dodávame s ľubovoľnými upevňovacími prvkami podľa želania.

4. Alternatíva zmrazenia: Zmrazte vychladený guláš v chladnejších priehradkách.

Ak chcete použiť, strednodobo neúplne rozmrazte v chladničke. Prehrejte v hrnci, raz za čas premiešajte; zahrňte džúsy alebo vodu, ak sú životne dôležité.

## Porcie cesnakových a tekvicových rezancov: 4

Čas varenia: 15 minút

## Ingrediencie:

Na prípravu omáčky

¼ šálky kokosového mlieka

6 Veľké dátumy

2/3 g strúhaného kokosu

6 strúčikov cesnaku

2 lyžice zázvorovej pasty

2 PL červenej kari pasty

Na prípravu rezancov

1 veľké uvarené tekvicové rezance

½ Julienne nakrájanej mrkvy

½ Julienne nakrájanej cukety

1 malá červená paprika

¼ šálky kešu orieškov

## Inštrukcie:

1. Na prípravu omáčky zmiešajte všetky ingrediencie a vytvorte husté pyré.

2. Špagetovú tekvicu pozdĺžne prekrojíme a urobíme rezance.

3. Plech na pečenie zľahka potrieme olivovým olejom a patizónové rezance pečieme pri 40°C 5-6 minút.

4. Na servírovanie vložte do misky rezance a pyré. Alebo podávajte pyré spolu s rezancami.

<u>Výživové informácie:</u>Kalórie 405 Sacharidy: 107 g Tuky: 28 g Bielkoviny: 7 g

## Porcie duseného pstruha s červenou fazuľou a chilli salsou: 1

Čas varenia: 16 minút

## Ingrediencie:

4 ½ oz cherry paradajok, na polovicu

1/4 avokáda, neošúpané

6 oz filet z morského pstruha bez kože

Listy koriandra slúžiť

2 lyžice olivového oleja

Limetky na servírovanie

4 ½ oz konzervovanej červenej fazule, prepláchnutej a scedenej 1/2 červenej cibule, nakrájanej na tenké plátky

1 lyžica nakladaných jalapenos, scedených

1/2 lyžičky mletého kmínu

4 sicílske olivy/zelené olivy

## *Inštrukcie:*

1. Nad hrniec s vriacou vodou položte naparovací kôš. Pridajte rybu do košíka a prikryte, varte 10-12 minút.

2. Vyberte rybu a nechajte ju niekoľko minút odpočívať. Medzitým si na panvici predhrejte trochu oleja.

3. Pridajte nakladané jalapenos, červenú fazuľu, olivy, 1/2 lyžičky rasce a cherry paradajky. Varte asi 4-5 minút za stáleho miešania.

4. Na servírovací tanier naberte fazuľové cesto a potom pstruha.

Navrch pridajte koriander a cibuľu.

5. Podávajte spolu s plátkami limetky a avokádom. Vychutnajte si duseného oceánskeho pstruha s červenou fazuľou a čili salsou!

Výživové informácie:243 kalórií 33,2 g tuku 18,8 g celkovo sacharidov 44 g bielkovín

## Porcie polievky zo sladkých zemiakov a moriek:

**4**

Čas varenia: 45 minút

## Ingrediencie:

2 lyžice olivového oleja

1 žltá cibuľa, nakrájaná

1 zelená paprika, nasekaná

2 sladké zemiaky, ošúpané a nakrájané na kocky

1-libra morčacích pŕs, bez kože, kostí a nakrájaná na kocky 1 lyžička koriandra, mletého

Štipka soli a čierneho korenia

1 lyžička sladkej papriky

6 šálok kuracieho vývaru

Šťava z 1 limetky

Hrsť petržlenovej vňate, nasekanej

## *Inštrukcie:*

1. Zohrejte hrniec s olejom na strednú teplotu, pridajte cibuľu, papriku a sladké zemiaky, premiešajte a varte 5 minút.

2. Pridajte mäso a opekajte ďalších 5 minút.

3. Pridajte ostatné ingrediencie, premiešajte, priveďte do varu a varte na miernom ohni ďalších 35 minút.

4. Polievku nalejte do misiek a podávajte.

<u>Výživové informácie:</u>kalórií 203, tuk 5, vláknina 4, sacharidy 7, bielkoviny 8

# Miso porcie grilovaného lososa: 2

Čas varenia: 20 minút

## Ingrediencie:

2 polievkové lyžice. Javorový sirup

2 citróny

¼ šálky Miso

¼ lyžičky. Paprika, uzemnená

2 limetky

2 ½ lb. Losos, s kožou

Dash of Cayenne Pepper

2 polievkové lyžice. Extra panenský olivový olej

¼ šálky Miso

## Inštrukcie:

1. Najprv zmiešajte limetkovú šťavu a citrónovú šťavu v malej miske, kým sa dobre nespoja.

2. Ďalej po lyžičkách pridajte miso, kajenské korenie, javorový sirup, olivový olej a korenie. Dobre kombinujte.

3. Potom lososa položte na plech vystlaný papierom na pečenie kožou nadol.

4. Lososa bohato potrieme zmesou miso citrónu.

5. Teraz položte rozpolené kúsky citróna a limetky na boky reznou stranou nahor.

6. Nakoniec ich pečieme 8 až 12 minút alebo kým sa ryba nelúpe.

<u>Výživové informácie:</u>Kalórie: 230 kcal Bielkoviny: 28,3 g Sacharidy: 6,7 gTuky: 8,7 g

## Porcie jednoducho duseného vločkového filé: 6

Čas varenia: 8 minút

## Ingrediencie:

6-filé tilapia

2 PL olivového oleja

1 ks citrón, šťava

Soľ a korenie podľa chuti

¼ šálky petržlenu alebo koriandra, nasekaného

## Inštrukcie:

1. Filety tilapie opečte na olivovom oleji v stredne veľkej panvici umiestnenej na strednom ohni. Varte 4 minúty z každej strany, kým sa ryba ľahko nelúpe vidličkou.

2. Podľa chuti pridajte soľ a korenie. Nalejte citrónovú šťavu do každého filé.

3. Pri podávaní posypte uvarené filety nasekanou petržlenovou vňaťou alebo koriandrom.

<u>Výživové informácie:</u>Kalórie: 249 Kalorický tuk: 8,3 g Bielkoviny: 18,6 g Sacharidy: 25,9

Vláknina: 1 g

## Porcie bravčového carnitasu: 10

Čas varenia: 8 hod. 10 minút

## Ingrediencie:

5 libier bravčová pliecko

2 strúčiky cesnaku, mleté

1 ČL čierneho korenia

1/4 ČL škorice

1 ČL sušeného oregana

1 ČL mletého kmínu

1 bobkový list

2 oz kuracieho vývaru

1 ČL limetkovej šťavy

1 polievková lyžica čili prášku

1 polievková lyžica soli

## Inštrukcie:

1. Pridajte bravčové mäso spolu so zvyškom ingrediencií v pomalom hrnci.

2. Prikryjeme pokrievkou a varíme 8 hodín. na nízkej teplote.

3. Po dokončení varené bravčové mäso nastrúhajte vidličkou.

4. Toto nastrúhané bravčové mäso rozložíme na pekáč.

5. Grilujte 10 minút a potom podávajte.

<u>Výživové informácie:</u>Kalórie 547 Tuky 39 g, Sacharidy 2,6 g, Vláknina 0 g, Bielkoviny 43 g

## Biela rybia polievka so zeleninou

## Porcie: 6 až 8

Čas varenia: 32 až 35 minút

## Ingrediencie:

3 sladké zemiaky, olúpané a nakrájané na ½-palcové kúsky 4 mrkvy, olúpané a nakrájané na ½-palcové kúsky 3 šálky plnotučného kokosového mlieka

2 šálky vody

1 lyžička sušeného tymiánu

½ lyžičky morskej soli

10½ uncí (298 g) bielej ryby bez kože a pevnej, ako je treska alebo halibut, nakrájaná na kúsky

## Inštrukcie:

1. Pridajte sladké zemiaky, mrkvu, kokosové mlieko, vodu, tymián a morskú soľ do veľkého hrnca na vysokej teplote a priveďte do varu.

2. Znížte teplotu na minimum, prikryte a za občasného miešania duste 20 minút, kým zelenina nezmäkne.

3. Polovicu polievky nalejte do mixéra a rozmixujte dohladka, potom ju vráťte do hrnca.

4. Vmiešajte kúsky ryby a pokračujte vo varení ďalších 12

na 15 minút, alebo kým sa ryba neprepečie.

5. Odstavíme z ohňa a podávame v miskách.

Výživové informácie:kalórií: 450; tuky: 28,7 g; bielkoviny: 14,2g ; sacharidy: 38,8 g; vláknina: 8,1g ; cukor: 6,7 g; sodík: 250 mg

## *Počet porcií mušlí s citrónom: 4*

## *Ingrediencie:*

1 polievková lyžica. extra panenský extra panenský olivový olej 2 pretlačené strúčiky cesnaku

2 libry vydrhnuté mušle

Šťava z jedného citróna

## *Inštrukcie:*

1. Do hrnca dáme trochu vody, pridáme mušle, privedieme k varu na miernom ohni, povaríme 5 minút, neotvorené mušle vyhodíme a preložíme miskou.

2. V inej miske zmiešame olej s cesnakom a čerstvo vytlačenou citrónovou šťavou, dobre prešľaháme a pridáme k muškám, premiešame a podávame.

3. Užite si to!

<u>Výživové informácie:</u>Kalórie: 140, Tuky: 4 g, Sacharidy: 8 g, Bielkoviny: 8 g, Cukry: 4 g, Sodík: 600 mg,

## Porcie lososa s limetkou a čili: 2

Čas varenia: 8 minút

## Ingrediencie:

1 libra lososa

1 lyžica limetkovej šťavy

½ lyžičky papriky

½ lyžičky čili prášku

4 plátky limetky

## Inštrukcie:

1. Lososa pokvapkáme limetkovou šťavou.

2. Posypte obe strany korením a čili práškom.

3. Do vzduchovej fritézy pridajte lososa.

4. Na lososa položte plátky limetky.

5. Smažte na vzduchu pri teplote 375 stupňov F počas 8 minút.

## Syrové cestoviny s tuniakom Porcie: 3-4

## Ingrediencie:

2 c. rukola

¼ c. nakrájanú zelenú cibuľu

1 polievková lyžica červený ocot

5 oz. scedený konzervovaný tuniak

¼ lyžičky. čierne korenie

2 oz. varené celozrnné cestoviny

1 polievková lyžica. olivový olej

1 polievková lyžica. strúhaný nízkotučný parmezán

## Inštrukcie:

1. Cestoviny uvarte v neosolenej vode, kým nie sú pripravené. Scedíme a odložíme bokom.

2. Vo veľkej miske dôkladne premiešame tuniaka, cibuľku, ocot, olej, rukolu, cestoviny a čierne korenie.

3. Poriadne premiešame a navrch posypeme syrom.

4. Podávajte a vychutnávajte.

Výživové informácie:Kalórie: 566,3, Tuky: 42,4 g, Sacharidy: 18,6 g, Bielkoviny: 29,8 g, Cukry: 0,4 g, Sodík: 688,6 mg

## Porcie rybích prúžkov v kokosovej kôre: 4

Čas varenia: 12 minút

## Ingrediencie:

Marináda

1 lyžica sójovej omáčky

1 lyžička mletého zázvoru

½ šálky kokosového mlieka

2 lyžice javorového sirupu

½ šálky ananásovej šťavy

2 lyžice horúcej omáčky

Ryby

1 lb rybie filé, nakrájané na prúžky

Paprika podľa chuti

1 šálka strúhanky

1 šálka kokosových vločiek (nesladených)

Sprej na pečenie

## Inštrukcie:

1. Suroviny na marinádu zmiešame v miske.

2. Vmiešajte rybie prúžky.

3. Prikryte a dajte na 2 hodiny do chladničky.

4. Predhrejte svoju fritézu na 375 stupňov F.

5. V miske zmiešame korenie, strúhanku a kokosové lupienky.

6. Rybie pásiky namáčame v strúhankovej zmesi.

7. Postriekajte kôš vzduchovej fritézy olejom.

8. Pridajte prúžky rýb do koša vzduchovej fritézy.

9. Smažte na vzduchu 6 minút na každej strane.

## Porcie mexických rýb: 2

Čas varenia: 10 minút

## Ingrediencie:

4 rybie filé

2 čajové lyžičky mexického oregana

4 lyžičky rasce

4 čajové lyžičky čili prášku

Paprika podľa chuti

Sprej na pečenie

## Inštrukcie:

1. Predhrejte svoju fritézu na 400 stupňov F.

2. Rybu postriekame olejom.

3. Rybu z oboch strán okoreníme a okoreníme.

4. Vložte ryby do koša vzduchovej fritézy.

5. Varte 5 minút.

6. Obráťte a varte ďalších 5 minút.

## Pstruh s uhorkovou salsou Porcie: 4

Čas varenia: 10 minút

## Ingrediencie:

Salsa:

1 anglická uhorka nakrájaná na kocky

¼ šálky nesladeného kokosového jogurtu

2 lyžice nasekanej čerstvej mäty

1 cibuľa, biele a zelené časti, nasekané

1 lyžička surového medu

Morská soľ

Ryby:

4 (5 uncí) filé zo pstruha, osušené

1 lyžica olivového oleja

Morská soľ a čerstvo mleté čierne korenie podľa chuti Inštrukcie:

1. Vytvorte salsu: Zmiešajte spolu jogurt, uhorku, mätu, cibuľku, med a morskú soľ v malej miske, kým sa úplne nepremiešajú. Odložte bokom.

2. Na čistej pracovnej doske filety zo pstruha jemne potrieme morskou soľou a korením.

3. Vo veľkej panvici zohrejte olivový olej na strednom ohni. Pridajte filety zo pstruha na rozpálenú panvicu a smažte asi 10 minút, pričom rybu v polovici otočte, alebo kým nie je uvarená podľa vašich predstáv.

4. Salsu natrieme na rybu a podávame.

<u>Výživové informácie:</u>kalórií: 328; tuky: 16,2 g; bielkoviny: 38,9g ; Sacharidy: 6,1 g

; vláknina: 1,0g ; cukor: 3,2 g; sodík: 477 mg

## Citrónové zoodle s porciami kreviet: 4

Čas varenia: 0 minút

## Ingrediencie:

omáčka:

½ šálky balených čerstvých lístkov bazalky

Šťava z 1 citróna (alebo 3 polievkové lyžice)

1 lyžička mletého cesnaku vo fľaši

Štipka morskej soli

Štipka čerstvo mletého čierneho korenia

¼ šálky konzervovaného plnotučného kokosového mlieka

1 veľká žltá tekvica, julienizovaná alebo špirálovitá 1 veľká cuketa, julienizovaná alebo špirálovitá

1 libra (454 g) kreviet, zbavených, uvarených, olúpaných a vychladených kôry z 1 citróna (voliteľné)

## Inštrukcie:

1. Pripravte omáčku: Listy bazalky, citrónovú šťavu, cesnak, morskú soľ a korenie spracujte v kuchynskom robote, kým sa dôkladne neposekajú.

2. Počas chodu procesora pomaly prilievame kokosové mlieko. Pulzujte do hladka.

3. Presuňte omáčku do veľkej misy spolu so žltou tekvicou a cuketou. Dobre hádzať.

4. Na vrch rezancov nasypte krevety a citrónovú kôru (ak chcete). Ihneď podávajte.

<u>Výživové informácie:</u>kalórií: 246; tuky: 13,1 g; bielkoviny: 28,2g ; sacharidy: 4,9 g

; vláknina: 2,0g ; cukor: 2,8 g; sodík: 139 mg

## Porcie chrumkavých kreviet: 4

Čas varenia: 3 minúty

## Ingrediencie:

1 lb kreviet, olúpaných a zbavených jadier

½ šálky zmesi na obaľovanie rýb

Sprej na pečenie

## Inštrukcie:

1. Predhrejte svoju fritézu na 390 stupňov F.

2. Krevety postriekame olejom.

3. Potrieme cestíčkou.

4. Postriekajte košík vzduchovej fritézy olejom.

5. Pridajte krevety do košíka fritézy.

6. Varte 3 minúty.

## *Porcie grilovaného morského vlka: 2*

## Ingrediencie:

2 nasekané strúčiky cesnaku

Pepper.

1 polievková lyžica. citrónová šťava

2 filety z bieleho morského vlka

¼ lyžičky. bylinková koreniaca zmes

## Inštrukcie:

1. Postriekajte panvicu na brojlery trochou olivového oleja a položte na ňu filety.

2. Posypte filé citrónovou šťavou, cesnakom a korením.

3. Grilujte asi 10 minút alebo kým ryba nie je zlatistá.

4. Ak chcete, podávajte s restovaným špenátom.

Výživové informácie:Kalórie: 169, Tuky: 9,3 g, Sacharidy: 0,34 g, Bielkoviny: 15,3

g, cukry: 0,2 g, sodík: 323 mg

## Počet porcií koláčov z lososa: 4

Čas varenia: 10 minút

## Ingrediencie:

Sprej na pečenie

1 lb filet z lososa vo vločkách

¼ šálky mandľovej múky

2 čajové lyžičky korenia Old Bay

1 zelená cibuľa, nakrájaná

## Inštrukcie:

1. Predhrejte svoju fritézu na 390 stupňov F.

2. Postriekajte kôš vzduchovej fritézy olejom.

3. V miske zmiešame zvyšné ingrediencie.

4. Zo zmesi tvarujte karbonátky.

5. Obidve strany placiek postriekame olejom.

6. Smažte na vzduchu 8 minút.

## Porcie pikantnej tresky: 4

## Ingrediencie:

2 polievkové lyžice. Čerstvá nasekaná petržlenová vňať

2 libry filety z tresky

2 c. salsa s nízkym obsahom sodíka

1 polievková lyžica. olej bez chuti

## Inštrukcie:

1. Predhrejte rúru na 350°F.

2. Do veľkej hlbokej zapekacej misy pokvapkajte dno olejom.

Vložte filé z tresky do misky. Nalejte salsu na ryby. Zakryte fóliou na 20 minút. Posledných 10 minút varenia odstráňte fóliu.

3. Pečieme v rúre 20 – 30 minút, kým ryba nie je vločkovitá.

4. Podávame s bielou alebo hnedou ryžou. Ozdobíme petržlenovou vňaťou.

Výživové informácie:Kalórie: 110, Tuky: 11 g, Sacharidy: 83 g, Bielkoviny: 16,5 g, Cukry: 0 g, Sodík: 122 mg

## Porcie nátierky z údeného pstruha: 2

## Ingrediencie:

2 lyžičky. Čerstvá citrónová šťava

½ c. nízkotučný tvaroh

1 na kocky nakrájaný stonkový zeler

¼ lb údeného filetu zo pstruha bez kože,

½ lyžičky worcesterská omáčka

1 lyžička. feferónková omáčka

¼ c. nahrubo nakrájanú červenú cibuľu

## Inštrukcie:

1. Zmiešajte pstruhy, tvaroh, červenú cibuľu, citrónovú šťavu, feferónkovú omáčku a worcestrovú omáčku v mixéri alebo kuchynskom robote.

2. Spracujte do hladka, podľa potreby zastavte, aby ste zoškrabali boky misky.

3. Vložíme na kocky nakrájaný zeler.

4. Uchovávajte vo vzduchotesnej nádobe v chladničke.

Výživové informácie:Kalórie: 57, Tuky: 4 g, Sacharidy: 1 g, Bielkoviny: 4 g, Cukry: 0 g, Sodík: 660 mg

## Porcie tuniaka a šalotky: 4

## Ingrediencie:

½ c. kurací vývar s nízkym obsahom sodíka

1 polievková lyžica. olivový olej

4 filety tuniaka bez kostí a kože

2 nakrájané šalotky

1 lyžička. sladká paprika

2 polievkové lyžice. limetkový džús

¼ lyžičky. čierne korenie

## Inštrukcie:

1. Panvicu s olejom rozohrejeme na stredne vysokú teplotu, pridáme šalotku a restujeme 3 minúty.

2. Pridajte rybu a opekajte ju z každej strany 4 minúty.

3. Pridajte zvyšné ingrediencie, všetko povarte ešte 3 minúty, rozdeľte na taniere a podávajte.

Výživové informácie:Kalórie: 4040, Tuky: 34,6 g, Sacharidy: 3 g, Bielkoviny: 21,4 g, Cukry: 0,5 g, Sodík: 1000 mg

## Porcie kreviet s citrónom a korením: 2

Čas varenia: 10 minút

## Ingrediencie:

1 lyžica citrónovej šťavy

1 lyžica olivového oleja

1 lyžička citrónového korenia

¼ lyžičky cesnakového prášku

¼ lyžičky papriky

12 oz. krevety, ošúpané a zbavené jadierok

## Inštrukcie:

1. Predhrejte svoju fritézu na 400 stupňov F.

2. V miske zmiešame citrónovú šťavu, olivový olej, citrónové korenie, cesnakový prášok a papriku.

3. Vmiešame krevety a zmesou rovnomerne natrieme.

4. Pridajte do vzduchovej fritézy.

5. Varte 8 minút.

## *Počet porcií steaku z horúceho tuniaka: 6*

## Ingrediencie:

2 polievkové lyžice. Čerstvá citrónová šťava

Pepper.

Pečená pomarančová cesnaková majonéza

¼ c. celé čierne korenie

6 nakrájaných steakov z tuniaka

2 polievkové lyžice. Extra panenský olivový olej

Soľ

## Inštrukcie:

1. Umiestnite tuniaka do misky, aby sa zmestil. Pridajte olej, citrónovú šťavu, soľ a korenie. Tuniaka otočte, aby sa dobre obalil v marináde. Necháme odpočívať 15 až 20

minút, raz otočením.

2. Zrnká korenia vložte do plastových vrecúšok s dvojnásobnou hrúbkou. Zrnká korenia naklepte ťažkým hrncom alebo malou paličkou, aby ste ich rozdrvili nahrubo. Položte na veľký tanier.

3. Keď ste pripravený na varenie tuniaka, ponorte okraje do drvených zrniek korenia. Zahrejte nepriľnavú panvicu na strednú teplotu. Steaky z tuniaka opečte v prípade potreby po dávkach 4 minúty z každej strany v prípade stredne vzácnych rýb, v prípade potreby pridajte na panvicu 2 až 3 polievkové lyžice marinády, aby sa neprilepili.

4. Podávame s praženou pomarančovou cesnakovou majonézou<u>Výživové informácie:</u>Kalórie: 124, Tuky: 0,4 g, Sacharidy: 0,6 g, Bielkoviny: 28 g, Cukry: 0 g, Sodík: 77 mg

## Porcie lososa Cajun: 2

Čas varenia: 10 minút

## Ingrediencie:

2 filety z lososa

Sprej na pečenie

1 lyžica cajunského korenia

1 lyžica medu

## Inštrukcie:

1. Predhrejte svoju fritézu na 390 stupňov F.

2. Obe strany ryby postriekame olejom.

3. Posypeme cajunským korením.

4. Postriekajte košík vzduchovej fritézy olejom.

5. Pridajte lososa do koša vzduchovej fritézy.

6. Vyprážajte na vzduchu 10 minút.

## Quinoa Miska lososa so zeleninou

### Porcie: 4

Čas varenia: 0 minút

## Ingrediencie:

1 libra (454 g) vareného lososa vo vločkách

4 šálky uvarenej quinoa

6 reďkoviek, nakrájaných na tenké plátky

1 cuketa, nakrájaná na polmesiace

3 šálky rukoly

3 cibuľky, mleté

½ šálky mandľového oleja

1 lyžička horúcej omáčky bez cukru

1 lyžica jablčného octu

1 lyžička morskej soli

½ šálky pražených strúhaných mandlí, na ozdobu (voliteľné)Inštrukcie:

1. Vo veľkej mise zmiešajte lososa vo vločkách, uvarenú quinou, reďkovky, cuketu, rukolu a cibuľku a dobre premiešajte.

2. Pridajte mandľový olej, horúcu omáčku, jablčný ocot a morskú soľ a premiešajte.

3. Zmes rozdeľte do štyroch misiek. Ak chcete, každú misku rovnomerne posypte strúhanými mandľami na ozdobu. Ihneď podávajte.

<u>Výživové informácie:</u>kalórií: 769; tuky: 51,6 g; bielkoviny: 37,2g ; sacharidy: 44,8 g; vláknina: 8,0g ; cukor: 4,0 g; sodík: 681 mg

## Porcie strúhanej ryby: 4

Čas varenia: 15 minút

## Ingrediencie:

¼ šálky olivového oleja

1 šálka suchej strúhanky

4 filety z bielej ryby

Paprika podľa chuti

## Inštrukcie:

1. Predhrejte svoju fritézu na 350 stupňov F.

2. Posypte obe strany ryby korením.

3. V miske zmiešame olej a strúhanku.

4. Rybu ponorte do zmesi.

5. Stlačte strúhanku, aby priľnula.

6. Vložte ryby do vzduchovej fritézy.

7. Varte 15 minút.

## *Jednoduché porcie lososových placiek: 4*

Čas varenia: 8 až 10 minút

## *Ingrediencie:*

1 libra (454 g) vykostených filé z lososa bez kože, mletá ¼ šálky mletej sladkej cibule

½ šálky mandľovej múky

2 strúčiky cesnaku, mleté

2 vajcia, rozšľahané

1 lyžička dijonskej horčice

1 polievková lyžica čerstvo vylisovanej citrónovej šťavy

Vločky červenej papriky

½ lyžičky morskej soli

¼ lyžičky čerstvo mletého čierneho korenia

1 lyžica avokádového oleja

## Inštrukcie:

1. Vo veľkej mise zmiešajte mletého lososa, sladkú cibuľku, mandľovú múku, cesnak, rozšľahané vajcia, horčicu, citrónovú šťavu, vločky červenej papriky, morskú soľ a korenie a miešajte, kým sa dobre nespojí.

2. Lososovú zmes nechajte 5 minút odpočívať.

3. Vyberte zmes lososa a rukami vytvarujte štyri ½ palca hrubé karbonátky.

4. Vo veľkej panvici zohrejte avokádový olej na strednom ohni. Pridajte karbonátky na rozpálenú panvicu a opekajte z každej strany 4 až 5 minút, kým jemne nezhnednú a neprepečú.

5. Odstavíme z ohňa a podávame na tanieri.

<u>Výživové informácie:</u>kalórií: 248; tuky: 13,4 g; bielkoviny: 28,4g ; Sacharidy: 4,1 g

; vláknina: 2,0g ; cukor: 2,0 g; sodík: 443 mg

## *Porcie kreviet popcorn: 4*

Čas varenia: 10 minút

# Ingrediencie:

½ lyžičky cibuľového prášku

½ lyžičky cesnakového prášku

½ lyžičky papriky

¼ lyžičky mletej horčice

⅛ lyžičky sušenej šalvie

⅛ lyžičky mletého tymiánu

⅛ lyžičky sušeného oregana

⅛ lyžičky sušenej bazalky

Paprika podľa chuti

3 lyžice kukuričného škrobu

1 lb kreviet, olúpaných a zbavených jadier

Sprej na pečenie

## Inštrukcie:

1. Zmiešajte všetky ingrediencie okrem kreviet v miske.

2. Zmesou natrite krevety.

3. Postriekajte košík vzduchovej fritézy olejom.

4. Predhrejte svoju fritézu na 390 stupňov F.

5. Pridajte krevety dovnútra.

6. Smažte na vzduchu 4 minúty.

7. Košom potraste.

8. Varte ďalších 5 minút.

## Pikantné porcie pečenej ryby: 5

## Ingrediencie:

1 polievková lyžica. olivový olej

1 lyžička. korenie bez soli

1 lb filet z lososa

## Inštrukcie:

1. Predhrejte rúru na 350F.

2. Rybu pokvapkáme olivovým olejom a korením.

3. Pečieme 15 min odokryté.

4. Nakrájajte a podávajte.

Výživové informácie:Kalórie: 192, Tuky: 11 g, Sacharidy: 14,9 g, Bielkoviny: 33,1 g, Cukry: 0,3 g, Sodík: 505 6 mg

## Porcie tuniaka na paprike: 4

## Ingrediencie:

½ lyžičky chilli prášok

2 lyžičky. sladká paprika

¼ lyžičky. čierne korenie

2 polievkové lyžice. olivový olej

4 vykostené steaky z tuniaka

## Inštrukcie:

1. Panvicu s olejom rozohrejeme na stredne vysokej teplote, pridáme steaky z tuniaka, ochutíme paprikou, čiernym korením a čili, opečieme z každej strany 5 minút, rozdelíme na taniere a podávame s prílohou.

Výživové informácie:Kalórie: 455, Tuky: 20,6 g, Sacharidy: 0,8 g, Bielkoviny: 63,8

g, cukry: 7,4 g, sodík: 411 mg

## Porcie rybích placiek: 2

Čas varenia: 7 minút

## Ingrediencie:

8 oz. biele rybie filé, vločkované

Cesnakový prášok podľa chuti

1 lyžička citrónovej šťavy

## Inštrukcie:

1. Predhrejte svoju fritézu na 390 stupňov F.

2. Spojte všetky ingrediencie.

3. Zo zmesi tvarujte karbonátky.

4. Rybie karbonátky vložte do vzduchovej fritézy.

5. Varte 7 minút.

# Pečené mušle s medom Porcie: 4

Čas varenia: 15 minút

## Ingrediencie:

1 libra (454 g) veľkých mušlí, opláchnutých a osušených Dash morskou soľou

Posypte čerstvo mletým čiernym korením

2 lyžice avokádového oleja

¼ šálky surového medu

3 lyžice kokosových aminokyselín

1 lyžica jablčného octu

2 strúčiky cesnaku, mleté

## Inštrukcie:

1. Do misky pridajte mušle, morskú soľ a korenie a miešajte, kým sa dobre nepotiahnu.

2. Vo veľkej panvici zohrejte avokádový olej na stredne vysokej teplote.

3. Mušle opekajte 2 až 3 minúty z každej strany, alebo kým sa mušle nezmenia na mliečnu bielu alebo nebudú matné a pevné.

4. Hrebenatky stiahneme z ohňa na tanier a voľne podložíme fóliou, aby sa udržali v teple. Odložte bokom.

5. Pridajte med, kokosové aminokyseliny, ocot a cesnak na panvicu a dobre premiešajte.

6. Priveďte do varu a za občasného miešania varte asi 7 minút, kým sa tekutina nezredukuje.

7. Opečené mušle vráťte na panvicu a premiešajte, aby sa pokryli polevou.

8. Rozdeľte mušle na štyri taniere a podávajte teplé.

<u>Výživové informácie:</u>kalórií: 382; tuky: 18,9 g; bielkoviny: 21,2g ; sacharidy: 26,1 g; vláknina: 1,0g ; cukor: 17,7 g; sodík: 496 mg

# Filety z tresky s hubami Shiitake Porcie: 4

Čas varenia: 15 až 18 minút

## Ingrediencie:

1 strúčik cesnaku, mletý

1 pór, nakrájaný na tenké plátky

1 lyžička mletého čerstvého koreňa zázvoru

1 lyžica olivového oleja

½ šálky suchého bieleho vína

½ šálky nakrájaných húb shiitake

4 filety z tresky (6 uncí / 170 g).

1 lyžička morskej soli

⅛ lyžičky čerstvo mletého čierneho korenia

## Inštrukcie:

1. Predhrejte rúru na 375ºF (190ºC).

2. Zmiešajte cesnak, pór, koreň zázvoru, víno, olivový olej a šampiňóny v pekáči a miešajte, kým huby nie sú rovnomerne obalené.

3. Pečte v predhriatej rúre 10 minút, kým jemne nezhnednú.

4. Vyberte pekáč z rúry. Navrch rozložíme filety tresky a ochutíme morskou soľou a korením.

5. Zakryte hliníkovou fóliou a vráťte do rúry. Pečieme 5 až 8

minút, alebo kým ryba nie je šupinatá.

6. Pred podávaním odstráňte hliníkovú fóliu a ochlaďte 5 minút.

<u>Výživové informácie:</u>kalórií: 166; tuky: 6,9 g; bielkoviny: 21,2g ; sacharidy: 4,8 g; vláknina: 1,0g ; cukor: 1,0 g; sodík: 857 mg

## *Porcie grilovaného morského vlka: 2*

## Ingrediencie:

1 lyžička. mletý cesnak

Mleté čierne korenie

1 polievková lyžica. citrónová šťava

8 oz. filé z bieleho morského vlka

¼ lyžičky. bylinková koreniaca zmes bez soli

## Inštrukcie:

1. Predhrejte brojler a umiestnite stojan 4 palce od zdroja tepla.

2. Pekáč zľahka postriekame sprejom na varenie. Vložte filé do panvice. Filety posypeme citrónovou šťavou, cesnakom, bylinkovým korením a korením.

3. Grilujte, kým nie je ryba pri testovaní špičkou noža nepriehľadná, asi 8 až 10 minút.

4. Ihneď podávajte.

Výživové informácie:Kalórie: 114, Tuky: 2 g, Sacharidy: 2 g, Bielkoviny: 21 g, Cukry: 0,5 g, Sodík: 78 mg

## *Pečené paradajkové porcie merlúzy: 4-5*

## Ingrediencie:

½ c. paradajková omáčka

1 polievková lyžica. olivový olej

Petržlen

2 nakrájané paradajky

½ c. strúhaný syr

4 libry vykostená a nakrájaná ryba merlúza

Soľ.

## Inštrukcie:

1. Predhrejte rúru na 400 0F.

2. Rybu dochutíme soľou.

3. Na panvici alebo v hrnci; Rybu opečte na olivovom oleji do polovice.

4. Vezmite štyri alobalové papiere na zakrytie ryby.

5. Vytvarujte fóliu tak, aby pripomínala nádoby; pridajte paradajkovú omáčku do každej alobalovej nádoby.

6. Pridajte rybu, plátky paradajok a posypte strúhaným syrom.

7. Pečte, kým nezískate zlatistú kôrku, približne 20-25 minút.

8. Otvorte balenia a navrch nasypte petržlenovú vňať.

<u>Výživové informácie:</u>Kalórie: 265, Tuky: 15 g, Sacharidy: 18 g, Bielkoviny: 22 g, Cukry: 0,5 g, Sodík: 94,6 mg

# *Pečená treska s repou Porcie: 4*

Čas varenia: 30 minút

# Ingrediencie:

8 repy, olúpané a nakrájané na osminky

2 šalotky nakrájané na tenké plátky

2 lyžice jablčného octu

2 lyžice olivového oleja, rozdelené

1 lyžička mletého cesnaku vo fľaši

1 lyžička nasekaného čerstvého tymiánu

Štipka morskej soli

4 (5 uncí / 142 g) filé z tresky jednoškvrnnej, osušené<u>Inštrukcie:</u>

1. Predhrejte rúru na 400ºF (205ºC).

2. Zmiešajte repu, šalotku, ocot, 1 polievkovú lyžicu olivového oleja, cesnak, tymián a morskú soľ v strednej miske a premiešajte, aby sa dobre obalila.

Repnú zmes rozložíme do zapekacej misy.

3. Pečte v predhriatej rúre asi 30 minút, pričom raz alebo dvakrát otočte vareškou, alebo kým cvikla nezmäkne.

4. Medzitým zohrejte zvyšnú 1 polievkovú lyžicu olivového oleja vo veľkej panvici na stredne vysokej teplote.

5. Pridajte tresku a opekajte z každej strany 4 až 5 minút, alebo kým dužina nie je nepriehľadná a ľahko sa odlupuje.

6. Rybu preložíme na tanier a podávame s pečenou cviklou.

Výživové informácie:kalórií: 343; tuky: 8,8 g; bielkoviny: 38,1g ; sacharidy: 20,9 g

; vláknina: 4,0g ; cukor: 11,5 g; sodík: 540 mg

## Srdečné porcie tuniaka: 4

## Ingrediencie:

3 oz. strúhaný syr čedar so zníženým obsahom tuku

1/3 c. nakrájaný zeler

Čierne korenie a soľ

¼ c. nakrájanú cibuľu

2 celozrnné anglické muffiny

6 oz. scedený biely tuniak

¼ c. nízkotučný ruský

## Inštrukcie:

1. Predhrejte brojler. Skombinujte tuniaka, zeler, cibuľu a šalátový dresing.

2. Dochutíme soľou a korením.

3. Polovičky anglických muffinov opečte.

4. Umiestnite na plech na pečenie rozdelenou stranou nahor a navrch každý dajte 1/4 zmesi tuniaka.

5. Grilujte 2-3 minúty alebo kým sa neprehreje.

6. Nalejte syr a vráťte do brojlera, kým sa syr neroztopí, asi o 1 minútu dlhšie.

<u>Výživové informácie:</u>Kalórie: 320, Tuky: 16,7 g, Sacharidy: 17,1 g, Bielkoviny: 25,7 g, cukry: 5,85 g, sodík: 832 mg

## Porcie citrónového lososa s kafírovou limetkou: 8

## Ingrediencie:

1 rozštvrtená a pomliaždená stonka citrónovej trávy

2 kafírové natrhané limetkové listy

1 na tenké plátky nakrájaný citrón

1 ½ c. čerstvé listy koriandra

1 celý bočný filet z lososa

## Inštrukcie:

1. Predhrejte rúru na 350∘F.

2. Pekáč zakryte plátmi alobalu tak, aby sa jeho strany prekrývali. 3. Lososa položte na alobal, naň položte citrón, limetkové listy, citrónovú trávu a 1 šálku koriandrových listov. Možnosť: dochutíme soľou a korením.

4. Pred zložením tesnenia presuňte dlhú stranu fólie do stredu.

Konce zrolujte, aby sa losos uzavrel.

5. Pečieme 30 minút.

6. Uvarenú rybu preložíme na tanier. Navrch dáme čerstvý koriander.

Podávame s bielou alebo hnedou ryžou.

Výživové informácie:Kalórie: 103, Tuky: 11,8 g, Sacharidy: 43,5 g, Bielkoviny: 18 g, Cukry: 0,7 g, Sodík: 322 mg

# Jemný losos v horčicovej omáčke Porcie: 2

## Ingrediencie:

5 lyžíc. Mletý kôpor

2/3 c. kyslá smotana

Pepper.

2 polievkové lyžice. dijonská horčica

1 lyžička. cesnakový prášok

5 oz. filety z lososa

2-3 lyžice. Citrónová šťava

## Inštrukcie:

1. Zmiešame kyslú smotanu, horčicu, citrónovú šťavu a kôpor.

2. Filety ochutíme korením a cesnakovým práškom.

3. Lososa poukladáme na plech kožou nadol a zalejeme pripravenou horčicovou omáčkou.

4. Pečieme 20 minút pri 390°F.

Výživové informácie:Kalórie: 318, Tuky: 12 g, Sacharidy: 8 g, Bielkoviny: 40,9 g, Cukry: 909,4 g, Sodík: 1,4 mg

## Porcie krabieho šalátu: 4

## Ingrediencie:

2 c. krabie mäso

1 c. rozpolené cherry paradajky

1 polievková lyžica. olivový olej

Čierne korenie

1 nakrájanú šalotku

1/3 c. nasekaný koriandr

1 polievková lyžica. citrónová šťava

## Inštrukcie:

1. V miske zmiešajte kraba s paradajkami a ostatnými ingredienciami, premiešajte a podávajte.

<u>Výživové informácie:</u>Kalórie: 54, Tuky: 3,9 g, Sacharidy: 2,6 g, Bielkoviny: 2,3 g, Cukry: 2,3 g, Sodík: 462,5 mg

# Pečený losos s miso omáčkou Porcie: 4

Čas varenia: 15 až 20 minút

## Ingrediencie:

omáčka:

¼ šálky jablčného muštu

¼ šálky bieleho miso

1 lyžica olivového oleja

1 lyžica bieleho ryžového octu

⅛ lyžičky mletého zázvoru

4 (3 až 4 unce / 85 až 113 g) vykostené filé z lososa 1 nakrájaná cibuľa, na ozdobu

⅛ lyžičky vločiek červenej papriky na ozdobu

## Inštrukcie:

1. Predhrejte rúru na 375ºF (190ºC).

2. Pripravte omáčku: Jablčný mušt, biele miso, olivový olej, ryžový ocot, zázvor rozšľahajte v malej miske. Ak chcete redšiu konzistenciu, pridajte trochu vody.

3. Filety lososa poukladáme do pekáča kožou nadol. Na filé lyžičkou nanášame pripravenú omáčku, aby sa rovnomerne obalila.

4. Pečte v predhriatej rúre 15 až 20 minút, alebo kým sa ryba ľahko nelúpe vidličkou.

5. Ozdobte nakrájanou cibuľkou a vločkami červenej papriky a podávajte.

<u>Výživové informácie:</u>kalórií: 466; tuky: 18,4 g; bielkoviny: 67,5g ; Sacharidy: 9,1 g

; vláknina: 1,0g ; cukor: 2,7 g; sodík: 819 mg

## Pečená treska s medom obalená bylinkami

## Porcie: 2

### Ingrediencie:

6 lyžíc. Plnka s bylinkovou príchuťou

8 oz. filety z tresky

2 polievkové lyžice. Med

### Inštrukcie:

1. Predhrejte rúru na 375 0F.

2. Pekáč zľahka postriekame sprejom na varenie.

3. Plnku s bylinkovou príchuťou dáme do vrecka a uzavrieme. Plnku roztlačíme, kým sa nerozpadne.

4. Ryby natrite medom a zbavte ich zvyšného medu.

Pridajte jedno filé do vrecka s plnkou a jemne pretrepte, aby sa ryba úplne obalila.

5. Tresku preložíme do pekáča a postup zopakujeme aj pri druhej rybe.

6. Filety zabaľte do fólie a pečte, kým nebudú pevné a nepriehľadné, keď skúšate špičkou čepele noža, asi desať minút.

7. Podávajte horúce.

<u>Výživové informácie:</u>Kalórie: 185, Tuky: 1 g, Sacharidy: 23 g, Bielkoviny: 21 g, Cukry: 2 g, Sodík: 144,3 mg

## Parmezánová zmes tresky: 4

## Ingrediencie:

1 polievková lyžica. citrónová šťava

½ c. nakrájanú zelenú cibuľku

4 vykostené filety tresky

3 nasekané strúčiky cesnaku

1 polievková lyžica. olivový olej

½ c. strúhaný nízkotučný parmezán

## Inštrukcie:

1. Zohrejte panvicu s olejom na strednom plameni, pridajte cesnak a zelenú cibuľku, premiešajte a duste 5 minút.

2. Pridajte rybu a opekajte ju z každej strany 4 minúty.

3. Pridajte citrónovú šťavu, posypte parmezánom, všetko povarte ešte 2 minúty, rozdeľte na taniere a podávajte.

Výživové informácie:Kalórie: 275, Tuky: 22,1 g, Sacharidy: 18,2 g, Bielkoviny: 12 g, Cukry: 0,34 g, Sodík: 285,4 mg

## Porcie chrumkavých cesnakových kreviet: 4

Čas varenia: 10 minút

## Ingrediencie:

1 lb kreviet, olúpaných a zbavených jadier

2 čajové lyžičky cesnakového prášku

Paprika podľa chuti

¼ šálky múky

Sprej na pečenie

## Inštrukcie:

1. Krevety ochutíme cesnakovým práškom a korením.

2. Obložíme múkou.

3. Postriekajte kôš vzduchovej fritézy olejom.

4. Pridajte krevety do koša vzduchovej fritézy.

5. Varte pri 400 stupňoch F po dobu 10 minút, raz v polovici pretrepte.

## Krémová zmes morských vlkov: 4

## Ingrediencie:

1 polievková lyžica. nasekanú petržlenovú vňať

2 polievkové lyžice. avokádový olej

1 c. kokosový krém

1 polievková lyžica. limetkový džús

1 nakrájaná žltá cibuľa

¼ lyžičky. čierne korenie

4 vykostené filety z morského vlka

## Inštrukcie:

1. Panvicu s olejom rozohrejeme na strednom ohni, pridáme cibuľu, premiešame a 2 minúty restujeme.

2. Pridajte rybu a opekajte ju z každej strany 4 minúty.

3. Pridajte zvyšné ingrediencie, všetko povarte ešte 4 minúty, rozdeľte na taniere a podávajte.

Výživové informácie:Kalórie: 283, Tuky: 12,3 g, Sacharidy: 12,5 g, Bielkoviny: 8 g, Cukry: 6 g, Sodík: 508,8 mg

## Uhorka Ahi Poke Porcie: 4

Čas varenia: 0 minút

## Ingrediencie:

Ahi Poke:

1 libra (454 g) tuniaka ahi na sushi, nakrájaného na 1-palcové kocky 3 polievkové lyžice kokosových aminokyselín

3 cibuľky, nakrájané na tenké plátky

1 serrano čili, zbavené semienok a nasekané (voliteľné) 1 lyžička olivového oleja

1 lyžička ryžového octu

1 lyžička opečených sezamových semienok

Pomlčka mletý zázvor

1 veľké avokádo, nakrájané na kocky

1 uhorka, nakrájaná na ½ palca hrubé kolieska Inštrukcie:

1. Urobte ahi poke: Kocky ahi tuniaka premiešajte s kokosovými aminokyselinami, cibuľkou, serrano čili (ak chcete), olivovým olejom, octom, sezamovými semienkami a zázvorom do veľkej misy.

2. Misku prikryte plastovou fóliou a marinujte v chladničke 15 minút.

3. Pridajte na kocky nakrájané avokádo do misky s ahi poke a premiešajte, aby sa zapracovalo.

4. Koliesa uhoriek poukladajte na servírovací tanier. Lyžičkou naneste ahi poke na uhorku a podávajte.

Výživové informácie:kalórií: 213; tuky: 15,1 g; bielkoviny: 10,1g ; sacharidy: 10,8 g; vláknina: 4,0g ; cukor: 0,6 g; sodík: 70 mg

## Miešaná treska s mätou: 4

## Ingrediencie:

4 vykostené filety tresky

½ c. kurací vývar s nízkym obsahom sodíka

2 polievkové lyžice. olivový olej

¼ lyžičky. čierne korenie

1 polievková lyžica. nasekanú mätu

1 lyžička. strúhaná citrónová kôra

¼ c. nakrájanú šalotku

1 polievková lyžica. citrónová šťava

## Inštrukcie:

1. Panvicu s olejom rozohrejeme na strednom ohni, pridáme šalotku, premiešame a 5 minút restujeme.

2. Pridajte tresku, citrónovú šťavu a ostatné ingrediencie, priveďte do varu a varte na miernom ohni 12 minút.

3. Všetko rozdeľte na taniere a podávajte.

Výživové informácie:Kalórie: 160, Tuky: 8,1 g, Sacharidy: 2 g, Bielkoviny: 20,5 g, Cukry: 8 g, Sodík: 45 mg

## *Porcie citrónovej a krémovej tilapie: 4*

## *Ingrediencie:*

2 polievkové lyžice. Nasekaný čerstvý koriandr

¼ c. nízkotučná majonéza

Čerstvo mleté čierne korenie

¼ c. čerstvá citrónová šťava

4 filety tilapie

½ c. strúhaný nízkotučný parmezán

½ lyžičky cesnakový prášok

## *Inštrukcie:*

1. V miske zmiešame všetky ingrediencie okrem filé tilapie a koriandra.

2. Filety rovnomerne natrieme majonézovou zmesou.

3. Filety položte na veľký fóliový papier. Omotajte alobalový papier okolo filé, aby ste ich utesnili.

4. Umiestnite alobalový balíček na dno veľkého pomalého hrnca.

5. Pomalý hrniec nastavte na nízku úroveň.

6. Prikryjeme a varíme 3-4 hodiny.

7. Podávajte s ozdobou koriandra.

Výživové informácie:Kalórie: 133,6, Tuky: 2,4 g, Sacharidy: 4,6 g, Bielkoviny: 22 g, Cukry: 0,9 g, Sodík: 510,4 mg

## Porcie rybieho tacosu: 4

Čas varenia: 20 minút

## Ingrediencie:

Sprej na pečenie

1 lyžica olivového oleja

4 šálky kapustovej kapusty

1 lyžica jablčného octu

1 lyžica limetkovej šťavy

Štipka kajenského korenia

Paprika podľa chuti

2 polievkové lyžice taco koreniacej zmesi

¼ šálky viacúčelovej múky

1 lb filet z tresky, nakrájaný na kocky

4 kukuričné tortilly

## Inštrukcie:

1. Predhrejte svoju fritézu na 400 stupňov F.

2. Postriekajte kôš vzduchovej fritézy olejom.

3. V miske zmiešame olivový olej, kapustu, ocot, limetkovú šťavu, kajenské korenie a korenie.

4. V inej miske zmiešame taco korenie a múku.

5. Kocky ryby natrite zmesou na korenie taco.

6. Pridajte ich do koša vzduchovej fritézy.

7. Smažte na vzduchu po dobu 10 minút, v polovici pretrepte.

8. Kukuričné tortilly naplňte zmesou kapusty a rýb a zrolujte ich.

## Porcie zmesi zázvorového morského vlka: 4

## Ingrediencie:

4 vykostené filety z morského vlka

2 polievkové lyžice. olivový olej

1 lyžička. strúhaný zázvor

1 polievková lyžica. nasekaný koriandr

Čierne korenie

1 polievková lyžica. balzamikový ocot

## Inštrukcie:

1. Panvicu s olejom rozohrejeme na miernom ohni, pridáme rybu a opekáme 5 minút z každej strany.

2. Pridajte zvyšné ingrediencie, všetko povarte ešte 5 minút, všetko rozdeľte na taniere a podávajte.

Výživové informácie:Kalórie: 267, Tuky: 11,2 g, Sacharidy: 1,5 g, Bielkoviny: 23 g, Cukry: 0,78 g, Sodík: 321,2 mg

# Porcie kokosových kreviet: 4

Čas varenia: 6 minút

## Ingrediencie:

2 vajcia

1 šálka nesladeného sušeného kokosu

¼ šálky kokosovej múky

¼ lyžičky papriky

Pomlčka kajenské korenie

½ lyžičky morskej soli

Posypte čerstvo mletým čiernym korením

¼ šálky kokosového oleja

1 libra (454 g) surových kreviet, olúpaných, zbavených jadier a osušených

## Inštrukcie:

1. Vajcia rozšľaháme v malej plytkej miske do peny. Odložte bokom.

2. V samostatnej miske zmiešajte kokos, kokosovú múku, papriku, kajenské korenie, morskú soľ a čierne korenie a miešajte, kým sa dobre nespojí.

3. Krevety vybaľte v rozšľahaných vajciach a potom ich obaľte v kokosovej zmesi. Vytraste všetok prebytok.

4. Zahrejte kokosový olej vo veľkej panvici na stredne vysokej teplote.

5. Pridajte krevety a varte 3 až 6 minút za občasného miešania, alebo kým nie je dužina úplne ružová a nepriehľadná.

6. Uvarené krevety preložíme na tanier vyložený papierovými utierkami, aby odkvapkali. Podávajte teplé.

Výživové informácie:kalórií: 278; tuky: 1,9 g; bielkoviny: 19,2g ; sacharidy: 5,8 g; vláknina: 3,1g ; cukor: 2,3 g; sodík: 556 mg

# Porcie bravčového s muškátovým orieškom: 4

Čas varenia: 35 minút

## Ingrediencie:

1-libra bravčového duseného mäsa, nakrájaného na kocky

1 maslová tekvica, ošúpaná a nakrájaná na kocky

1 žltá cibuľa, nakrájaná

2 lyžice olivového oleja

2 strúčiky cesnaku, mleté

½ lyžičky garam masala

½ lyžičky muškátového orieška, mletého

1 lyžička čili vločiek, rozdrvené

1 lyžica balzamikového octu

Štipka morskej soli a čierneho korenia

## Inštrukcie:

1. Panvicu s olejom rozohrejeme na stredne vysokú teplotu, pridáme cibuľu a cesnak a restujeme 5 minút.

2. Pridajte mäso a restujte ďalších 5 minút.

3. Pridajte ostatné ingrediencie, premiešajte, varte na miernom ohni 25 minút, rozdeľte na taniere a podávajte.

<u>Výživové informácie:</u>kalórií 348, tuk 18,2, vláknina 2,1, sacharidy 11,4, bielkoviny 34,3

www.ingramcontent.com/pod-product-compliance
Lightning Source LLC
Chambersburg PA
CBHW070410120526
44590CB00014B/1344